12 FARBEN

KOCHEN
NACH FARBEN

12 MENÜS

PRESTEL
MÜNCHEN · LONDON · NEW YORK

VORWORT

Allzu oft gehen wir wie Schlafwandler durch unser Leben. Wir existieren, versäumen es aber, im Alltagstrott noch eine aktive Rolle zu spielen.

Denken Sie nur mal an Ihre letzte Mahlzeit. Weshalb haben Sie sie so zusammengestellt, wie Sie es taten? Sehr wahrscheinlich war es eine eher beliebige Entscheidung: ein Griff nach einem Sandwich in der Auslage eines Cafés oder ein Blick in den Kühlschrank auf die Reste von gestern Abend. An manchen Tagen ist Essen nichts als Routine, geradezu eintönig.

Der amerikanische Schriftsteller Paul Auster kennt sich damit aus, die Banalität des Alltags lebhaft herauszufordern. Die Figuren seiner Romane sind oft Besessene oder Querdenker, die entweder von Alltagsroutinen gefesselt oder auf fast erschreckende Weise frei von ihnen sind. Zum Beispiel Maria Turner aus *Leviathan*, für die Auster sich die französische Konzeptkünstlerin Sophie Calle zum Vorbild nahm. Im Roman dreht sich Marias künstlerische Arbeit darum, durch Experimente mit künstlich auferlegten Zwängen ihren Alltag zu bereichern. Sie verbringt ganze Tage im Zeichen eines einzelnen Buchstabens; sie fotografiert Hotelzimmer, bevor sie sauber gemacht werden, um etwas über das Leben des abgereisten Gasts zu erfahren; und sie isst täglich jeweils nur Mahlzeiten in einer bestimmten Farbe.

Dieser letzte Selbstzwang gab die Anregung zu diesem Buch: Wie würde wohl ein Kochbuch für Marias einfarbigen Speiseplan aussehen? Und wie wäre es, tatsächlich nur Gerichte in einer einzigen Farbe zu kochen und zu essen? Für die Menüs in diesem Buch müssen Sie also Gerichte in einer einzigen Farbe kreieren, sei es Weiß, Violett, Rot oder Dunkelgrün. Die Rezepte lassen keinen Raum für Beliebigkeit und verlangen peinlich genaue Aufmerksamkeit für Details.

Diese Art zu kochen zwingt Sie in gewisse Schranken und gibt starre Strukturen vor. Aber womöglich werden Sie dabei entdecken, dass solche Beschränkungen auch Ihren Horizont erweitern und dem Alltäglichen neues Leben verleihen können.

Darum hätte wohl auch Maria Turner ihre Freude an diesem Buch: Es setzt feste Grenzen, führt aber schließlich zu mehr Kreativität im Alltag.

TRISH LORENZ

ÜBER DIESES BUCH

Einfarbiges Essen? Wie schmeckt das?
Nach zwei Jahren ausgiebigem einfarbigen Kochen können wir sagen: Es sieht nicht nur außergewöhnlich aus, es schmeckt auch so!

Und noch etwas: Monochromes Kochen belohnt nicht nur mit neuen Farb- und Geschmackserlebnissen, sondern lädt auch dazu ein, mit bisher unbekannten Aromen und Zutaten zu experimentieren. Es ist aber ebenso eine Herausforderung an unseren gewohnten Geschmack und auch an liebgewonnene Zubereitungsarten. Nicht zuletzt ist es eine Einladung, alternative Zutaten und Gewürze für bekannte und traditionelle Rezepte auszuprobieren.

Was könnte zum Beispiel beim Menü Rot als Ersatz für das grüne Basilikum in der roten Tomataensauce dienen? Oder durch welche Zutat könnte ein Brownie grün werden?
Das Ergebnis sind neue Kreationen in Anlehnung an vertraute Rezepte. Optisch und geschmacklich wird dabei einiges geboten. Wie stellt man sich zum Beispiel den Geschmack von schwarzem Essen vor? Oder werden Farben automatisch bestimmten Geschmäckern zugeordnet? Umso erstaunlicher ist, dass ein schmackhaftes Menü in jeder Farbe möglich ist! Und: Von süß bis salzig und deftig bis lieblich sind alle Gaumenfreuden vorhanden. Da mit einem einzelnen Gericht nicht wirklich eine intensive einfarbige Geschmackserfahrung erlebbar wird, haben wir das Thema auf ganze Menüs ausgeweitet: je vier Gänge und drei begleitende Getränke.

Die gewählten Farben haben sich aus einer Art Saisonkalender-Analyse entwickelt. Alle Zutaten sollten möglichst frisch, regional und saisonal sein, denn nur dann sind sie aromatisch, reif, saftig und, ganz pragmatisch, leicht erhältlich. Wir haben jedem Monat eine passende Farbe zugeordnet, die möglichst den saisonalen Gemüse- und Obstsorten entspricht. So sind die Farben auf natürliche Weise kochbar. Im Sommer kräftige Farben, im Winter die Nicht-Farben, das Frühjahr startet mit leisen Farbtönen und der Herbst bietet satte, reife Nuancen. Auf diese Weise entstand das Konzept, ein Jahr lang jeden Monat in einer anderen Farbe zu kochen: 12 Farben – 12 Menüs.

Die Rezepte des Buches haben wir entwickelt, indem wir zuerst die möglichen Zutaten der vorgesehenen Farbe in einer Liste zusammengetragen haben. Als Erstes wurde dann das Hauptgericht festgelegt. Daran orientierten sich Entrée und Vorspeise, das Dessert sowie die drei Getränke. Manchmal sind es Rezepte, die wir schon vorher mochten und die wir in abgewandelter Form den Farben angepasst haben. Oftmals wurde aber auch ausprobiert und experimentiert, spontan improvisiert oder noch einmal gekocht, um den gewünschten Geschmack und auch den gewünschten Farbton zu erreichen.

Wir haben immer im Team gekocht, denn das „Kochpensum" eines so umfangreichen Menüs ist nur schwer allein zu bewältigen! Manchmal waren wir zu acht, manchmal nur zu dritt. Zubereitet wurde alles an einem Tag in einer 11 Quadratmeter großen Küche und die Ergebnisse wurden gleich im improvisierten Fotostudio festgehalten. Dazu haben wir zuerst die Zutaten roh zusammengetragen, fotografisch dokumentiert und später dann noch einmal die fertigen Gerichte fotografiert.

Aber am besten: Seht selbst, probiert aus und lasst euch inspirieren – guten Appetit!

ANMERKUNGEN ZU DEN REZEPTEN UND DER ZUBEREITUNG

Wir haben die Menüs in einer sehr kleinen Küche mit einfacher Ausstattung zubereitet. Einige Utensilien mussten gekauft werden oder wurden von Freunden ausgeliehen. In unseren Rezepten haben wir häufig einen Mixer verwendet und gehen davon aus, dass mittlerweile in jedem Haushalt ein Mixer oder Pürierstab vorhanden ist. Wir haben auch einen leistungsstarken Entsafter benutzt, der vielleicht nicht in jedem Haushalt zu finden ist, aber bestimmt im Bekanntenkreis ausgeliehen werden kann. Ansonsten schlagen wir vor, nach alternativen Lebensmitteln zu suchen. Die Auswahl auf dem Markt ist groß.

Die Gerichte wurden auf einem Gasherd und im Umluftofen zubereitet. Abhängig davon und auch von vielen anderen Gegebenheiten, wie individuelle Zubereitung, Kochutensilien etc., ist auch die Zubereitungszeit. So sind die in den Rezepten vermerkten Zeiten ungefähre Angaben. Auch die Temperaturangaben sind die Werte für den Herd und den Ofen, die wir benutzt haben. Jeder sollte also seine eigenen Erfahrungen mit einbringen, damit zum Beispiel die Baisers trotz langer Backzeit weiß bleiben und der grüne Brownie keine zu braune Kruste bekommt.

Olivenöl ist für uns eine Grundzutat und wurde deswegen oftmals ohne Maßeinheit erwähnt, wenn wir es zum Beispiel zum Braten benutzen. Ebenso verhält es sich mit Salz und Pfeffer, alles je nach Gusto. Auch haben wir je nach Farbe verschiedene Sorten von Salz und Pfeffer verwendet.

Im Buch sind die Rezepte immer für vier Personen angegeben, aber sie lassen sich natürlich auf größere Gruppen hochrechnen. Grundsätzlich möchten wir den Tipp geben, das Menü mit mehreren Köchen zu planen und die Zubereitung der einzelnen Gänge vorher untereinander aufzuteilen. Denn der Aufwand für das Besorgen der Zutaten und die Zubereitung sollte unbedingt berücksichtigt werden. Je heterogener die Gruppe, desto besser, denn jeder bringt seine Kocherfahrung mit ein. Doch sollte bedacht werden, dass jeder auch eine andere Farbwahrnehmung hat. Bei Schwarz und Weiß ist das problemlos, aber beispielsweise Grün hat viele Nuancen.

Der experimentelle Geist des Projektes soll beim Selbstkochen zur Improvisation und zum Verwenden von alternativen Zutaten anregen. Beispielsweise könnte der Wildspargel durch grünen Spargel ersetzt und dadurch auch eine andere Zubereitungsart entwickelt werden. Für diese individuellen Notizen, Erfahrungen und Kritzeleien haben wir im Rezeptteil ein Werkpapier gewählt, das dazu einladen soll, das Experiment einfarbig zu kochen selbst fortzuführen.

MENÜ

01

Apéritif

SALZIGER LASSI

Entrée

SOMMERROLLEN

Vorspeise

PASTINAKEN-SUPPE

Getränk

WEISSWEIN-SCHORLE

Hauptgericht

SEEZUNGE AN WEISSWEIN-SAUCE MIT BLUMENKOHL-RISOTTO UND GEDÜNSTETEN PERLZWIEBELN

Dessert

PANNA COTTA MIT KOKOS UND BAISER

Digestif

PASTIS

01

Entrée

SOMMERROLLEN

8 runde Reispapierblätter
½ Rettich
1 Petersilienwurzel
2 weiße Rüben
1 Pastinake
1–2 Salatherzen
100 g Glasnudeln
125 g Tofu
100 g Mungobohnen-Sprossen
1 Packung Enokitake-Pilze (auch Samtfußrübling)
4 Frühlingszwiebeln
8 Knoblauchzehen
15 g Ingwer
½ Bund Koriander
4 Blätter Pergamentpapier plus Bindfaden

DIP

6 EL Reisessig
3 EL weißer Zucker
1 Limette, ungespritzt
1 Chilischote
1 Knoblauchzehe
15 g Ingwer
1 Stange Zitronengras
1 Prise Salz

Tofu trocken tupfen und in 1 cm dicke Scheiben schneiden. Ingwer, Knoblauch und das Grüne der Frühlingszwiebeln in feine Ringe schneiden. Jeweils eine Scheibe Tofu mit Ingwer, Knoblauch, Frühlingszwiebeln und Koriander belegen, in Pergamentpapier einpacken und zubinden. Tofupäckchen für 7 Min. in einem Topf über Wasserdampf dämpfen. Abkühlen lassen. Ingwer, Knoblauch und Zwiebeln entfernen und Tofuscheibe in schmale lange Streifen schneiden.

Glasnudeln in Salzwasser garen und abkühlen lassen. Den hellen, fast weißen Teil der Salatherzen fein raspeln. Den weißen Teil der Frühlingszwiebeln in Scheiben schneiden. Das restliche Gemüse in sehr feine Streifen schneiden. Reispapierblätter kurz durch eine Schüssel Wasser ziehen und auf einem Holzbrett auslegen. Dann gleichmäßig mittig mit den verschiedenen Gemüsestreifen, Tofu, Glasnudeln, Enokitake und Mungobohnen-Sprossen belegen. Zuerst von unten etwas aufrollen, dann seitlich einschlagen und weiter aufrollen.

Für den Dip Limettenschale fein abreiben und den Saft auspressen. In einer Schüssel den Zucker im Reisessig auflösen und den Limettensaft dazugeben. Zitronengras in dünne Scheiben schneiden, Chilischote von den Samen befreien, Knoblauch pressen, Ingwer reiben und alles zusammen (weiße Teile des Zitronengrases zurückbehalten) mit dem Limettenabrieb und einer Prise Salz in einen Papierteefilter geben. Diesen in die Schüssel hängen und über Nacht ziehen lassen. Vor dem Servieren Filter entfernen und den Dip mit den weißen Teilen vom Zitronengras garnieren.

Zubereitungszeit: 1 Std. + 12 Std. ziehen lassen

Vorspeise

PASTINAKEN-SUPPE

GEMÜSEFOND

750 g gemischtes weißes Gemüse
(z. B. weiße Karotten, Blumenkohl, Knollensellerie, Petersilienwurzel, das Weiße vom Lauch)
2 weiße Zwiebeln
1 Knoblauchzehe
3 Gewürznelken
3 Lorbeerblätter
2,5 l Wasser
Salz
frisch gemahlener weißer Pfeffer
Sonnenblumenöl

SUPPE

500 g Pastinaken
1 Petersilienwurzel
1 weiße Zwiebel
200 ml Sahne
frisch gemahlener Muskat
Salz
frisch gemahlener weißer Pfeffer
Sonnenblumenöl

Für den Gemüsefond Gemüse waschen, putzen und würfeln. Die anderen Zutaten ebenfalls zerkleinern. Öl in einem großen Topf erhitzen, Gemüse hinzugeben und kurz anbraten, mit 2,5 l Wasser etwa 1 Std. auf kleiner Flamme köcheln lassen, bis sich die Flüssigkeit auf 1,5 l reduziert hat. Beiseitestellen und weitere 20 Min. ziehen lassen. Brühe durch ein feines Sieb passieren, etwas salzen und pfeffern und den Fond direkt weiterverwenden.

Für die Suppe Pastinaken würfeln, Petersilienwurzel in dünne Scheiben schneiden, weiße Zwiebel fein würfeln. Öl in einem großen Topf erhitzen. Pastinaken, Zwiebelwürfel und Petersilienwurzel kurz darin anbraten und dann mit dem heißen Gemüsefond angießen. Die Suppe aufkochen und bei reduzierter Hitze ca. 30 Min. köcheln lassen.
Wenn das Wurzelgemüse weich gekocht ist, Topf vom Herd nehmen und die Suppe mit einem Pürierstab fein pürieren. Mit Salz, weißem Pfeffer und geriebenem Muskat abschmecken. Sahne schlagen und esslöffelweise unter die Pastinaken-Suppe ziehen, bis sie eine feine, luftige Konsistenz hat.

Zubereitungszeit: 3 Std.

01

Hauptgericht

SEEZUNGE AN WEISSWEIN-SAUCE MIT BLUMENKOHL-RISOTTO UND GEDÜNSTETEN PERLZWIEBELN

BLUMENKOHL-RISOTTO

Blumenkohlcreme

300 g Blumenkohl
50 ml Sahne
50 ml Milch
50 ml Hühnerbrühe
Schale mit eiskaltem Wasser

Risotto

250 g Risottoreis (z. B. Arborio)
500 ml Hühnerbrühe
40 ml trockener Weißwein
40 ml weißer Wermut
1 weiße Zwiebel
1 Knoblauchzehe
3 TL Mascarpone
40 g Parmesan, frisch gerieben
Salz
frisch gemahlener weißer Pfeffer
Olivenöl

PERLZWIEBELN

20 Perlzwiebeln
Salz

Für die Blumenkohlcreme Blumenkohl in Röschen schneiden und für etwa 2–3 Min. in einem Topf mit kochendem Wasser blanchieren, dann sofort in einer Schale mit eiskaltem Wasser abschrecken. Hühnerbrühe, Sahne und Milch zum Kochen bringen, die blanchierten Röschen hinzufügen und 30 Min. köcheln lassen. Anschließend im Mixer zerkleinern und durch ein feines Sieb passieren.

Für das Risotto Zwiebel und Knoblauchzehe schälen und fein hacken. In einem großen Topf das Öl erhitzen, Zwiebeln und Knoblauch darin glasig dünsten. Den Reis dazugeben und unter Rühren ebenfalls kurz glasig dünsten. Gleichzeitig Hühnerbrühe in einem zweiten Topf erhitzen. Weißwein und Wermut zum angedünsteten Reis hinzugießen und unter Rühren vollständig einkochen lassen. Dann nach und nach die heiße Hühnerbrühe dazugeben und den Reis unter Rühren köcheln lassen, bis er al dente ist. Derweil den Parmesan reiben. Am Ende der Kochzeit die vorbereitete Blumenkohlcreme und Mascarpone einrühren und für 1–2 Min. mitköcheln lassen. Topf vom Herd nehmen, den geriebenen Parmesan unterrühren und mit Salz und weißem Pfeffer abschmecken.

Zwiebeln gründlich schälen und in wenig Salzwasser bissfest garen.

Zubereitungszeit: 1 Std.

SEEZUNGENFILET AN WEISSWEIN-SAUCE

Fisch

8 – 12 (pro Person 2 – 3) Seezungenfilets
50 ml Fischfond
40 g weiche Butter
Salz
frisch gemahlener weißer Pfeffer
Pergamentpapier

Sauce

150 ml trockener Weißwein
40 ml Wermut
150 ml Fischfond
100 ml Sahne
40 g kalte Butter
1 kleine weiße Zwiebel
50 g Meerrettich
1 ½ TL Weißweinessig
Salz
frisch gemahlener weißer Pfeffer

Für die Sauce Zwiebel schälen und in Ringe schneiden. Die Hälfte der kalten Butter in einem Topf erhitzen und die Zwiebel kurz andünsten. Wein und Wermut dazugeben und auf die Hälfte einkochen lassen, dann 150 ml Fischfond und Sahne dazugeben. Meerrettich reiben, unterrühren und die Sauce um ⅓ reduzieren. Dabei gelegentlich umrühren.

Backofen auf 180 °C (Umluft 160 °C, Gas Stufe 2) vorheizen. Während der Reduktion eine flache, ofenfeste Form mit weicher Butter auspinseln. Die gewaschenen und trocken getupften Seezungenfilets leicht salzen und pfeffern, mit der glatteren Hautseite nach innen der Länge nach zusammengeklappt in die Form legen. Die Filets mit der übrigen weichen Butter bestreichen und mit 50 ml Fischfond übergießen. Mit Pergamentpapier abdecken und für 8–10 Min. auf der mittleren Schiene im Ofen backen. Oft kontrollieren, da der Fisch sehr schnell austrocknet und rechtzeitig aus dem Ofen genommen werden sollte!

Die Sauce durch ein feines Sieb passieren und die restliche kalte Butter in kleinen Stücken nach und nach mit dem Schneebesen unterschlagen. Mit Weißweinessig, Salz und Pfeffer würzen.

Zubereitungszeit: 30 Min.

Zubereitungszeit insgesamt:
1,5 Std.

01

Dessert

PANNA COTTA MIT KOKOS UND BAISER

PANNA COTTA
150 ml Kokosmilch
300 ml Sahne
40 g Vanillezucker
(selbstgemacht: weißen Zucker mit ausgekratzten Vanilleschoten in einem Glas über einen längeren Zeitraum ziehen lassen)
3 Blatt Gelatine
Schale kaltes Wasser

BAISER (8 STÜCK)
1 Ei
50 g Puderzucker
1 Prise Salz
einige Tropfen Zitronensaft

Für die Panna Cotta die Gelatine in einer kleinen Schale mit wenig kaltem Wasser einweichen. Kokosmilch, Sahne und Zucker in einem Topf verrühren, kurz aufkochen und bei schwacher Hitze 5 Min. köcheln lassen. Vom Herd nehmen. Gelatine ausdrücken und nacheinander in die heiße Kokos-Sahne-Mischung einrühren. Vier Förmchen kalt ausspülen, mit der Mischung füllen und für 4 Std. abgedeckt im Kühlschrank fest werden lassen.

Für die Baisers Backofen auf 150 °C (Umluft 130 °C, Gas Stufe 1) vorheizen. Ei trennen und das Eiweiß mit 1 Prise Salz und einigen Tropfen Zitronensaft in einer Schüssel mit dem Schneebesen langsam steif schlagen, dabei nach und nach den Zucker hinzurieseln lassen und weiter schlagen, bis eine feste, glänzende Creme entsteht. Mit einem Esslöffel acht Häufchen auf ein mit Backpapier ausgelegtes Backblech setzen.

Den Backofen auf 100 °C (Umluft 80 °C, Gas Stufe 1) herunterschalten. Bei konventionellen Öfen die Tür einen Spalt mit einen Kochlöffel offen halten, bei Umluftöfen ist das nicht nötig. Die Baisers 3–4 Std. im Ofen trocknen lassen, sie sollen weiß bleiben.

Panna Cotta auf die Teller stürzen und mit zerhackten Baisers anrichten.

Zubereitungszeit: 35 Min. + 4 Std. Kühlzeit
+ 3–4 Std. Trocknungszeit im Ofen

Apéritif

SALZIGER LASSI

500 ml Joghurt (1,5 %)
200 ml Vollmilch
Saft einer halben Zitrone
Salz nach Belieben (z. B. Meersalz)

Alle Zutaten gut gekühlt im Mixer schaumig schlagen. Frisch servieren.

Zubereitungszeit: 5 Min.

Getränk

WEISSWEIN-SCHORLE

1 Flasche trockener heller Weißwein (z. B. Gavi)
1 Flasche Mineralwasser mit Kohlensäure

Beide Getränke im Verhältnis 1:1 in einer Karaffe mischen. Gekühlt servieren.

Zubereitungszeit: 5 Min.

Digestif

PASTIS

12 cl Pastis
600 ml Eiswasser
Eiswürfel

Pro Person 3 cl Pastis in ein hohes Glas füllen. Eine Karaffe mit eiskaltem Wasser füllen. Nach Belieben zuerst Eiswasser (traditionelles Mischungsverhältnis von 1:5) zum Pastis geben, dann mit Eiswürfeln auffüllen.

Zubereitungszeit: 5 Min.

01

ZUTATEN

½ Rettich
2 weiße Rüben
700 g Pastinaken
2 Petersilienwurzeln
300 g Blumenkohl
1–2 Salatherzen
750 g gemischtes weißes Gemüse (z. B. weiße Karotten, Blumenkohl, Knollensellerie, Petersilienwurzel, das Weiße vom Lauch)
1 Packung Enokitake-Pilze (auch Samtfußrübling)
100 g Mungobohnen-Sprossen
4 Frühlingszwiebeln
20 Perlzwiebeln
5 weiße Zwiebeln, davon 1 klein
11 Knoblauchzehen
50 g frisch geriebener Meerrettich
30 g Ingwer
1 Stange Zitronengras
1 Chilischote
½ Bund Koriander

1 Zitrone
1 Limette, ungespritzt

Salz
frisch gemahlener weißer Pfeffer
frisch gemahlener Muskat
3 Gewürznelken
3 Lorbeerblätter

8–12 Seezungenfilets
1 Ei

500 ml Joghurt (1,5 %)
250 ml Vollmilch
650 ml Sahne
80 g Butter
3 TL Mascarpone
40 g Parmesan
125 g Tofu

200 ml Fischfond
550 ml Hühnerbrühe
Olivenöl
Sonnenblumenöl
6 EL Reisessig
1 ½ TL Weißweinessig
150 ml Kokosmilch

250 g Risottoreis (z. B. Arborio)
100 g Glasnudeln
8 runde Reispapierblätter
3 EL weißer Zucker
50 g Puderzucker
40 g Vanillezucker
3 Blatt Gelatine

1 Flasche trockener heller Weißwein (z. B. Gavi) + 200 ml trockener Weißwein
12 cl Pastis
80 ml weißer Wermut
1 Flasche Mineralwasser mit Kohlensäure

600 ml Eiswasser
Eiswürfel

Pergamentpapier
Bindfaden

01

02

03

01 Entrée 02 Dessert 03 Getränk

04

05

06

07

04 Hauptgericht 05 Apéritif 06 Vorspeise 07 Digestif

MENÜ

02

Apéritif

LAKRITZ-LIKÖR

Entrée

BELUGALINSEN-SALAT

Vorspeise

MAKI-SUSHI

Getränk

COLA

Hauptgericht

SCHWARZE LINGUINE MIT TAPENADE

Dessert

MOHNKUCHEN

Digestif

ESPRESSO

MENÜ

02

Entrée

BELUGALINSEN-SALAT

200 g Belugalinsen
100 g schwarze Oliven (kernlos, eingelegt in Salzlake)
3 Auberginen
1 mittelgroße Zwiebel
1 Msp. schwarzer Kreuzkümmel
2 Knoblauchzehen
600 ml Wasser
schwarzes Salz
frisch gemahlener schwarzer Pfeffer
Olivenöl

DRESSING

4 EL roter Balsamico-Essig
1 EL Honig
3 EL Olivenöl
schwarzes Salz
frisch gemahlener schwarzer Pfeffer

200 g Linsen waschen, mit 600 ml Wasser zum Kochen bringen und 20 Min. bei geringer Temperatur garen. Dann abgießen und etwas salzen.
Von den gewaschenen Auberginen etwa fingerdicke, breite Streifen Fruchtfleisch mitsamt der Haut abschneiden. Dann die Streifen mit dem Fruchtfleisch nach oben auf einen großen Teller legen und salzen, damit die Bitterstoffe entzogen werden. Nach ca. 10 Min. die angesammelte Flüssigkeit mit Küchenpapier abtupfen. Zwiebel und 1 Knoblauchzehe schälen und fein hacken. Zwiebel mit etwas Öl und Kreuzkümmel in einer Pfanne andünsten, gegen Ende die fein gehackte Knoblauchzehe hinzufügen und kurz mitdünsten. Aus der Pfanne nehmen.
3 Knoblauchzehen andrücken. Erneut etwas mehr Öl in der Pfanne erhitzen, Knoblauch kurz anbraten und wieder herausnehmen. Dann die Auberginenstreifen im aromatisierten Öl kurz von beiden Seiten anbraten, salzen, pfeffern und abtropfen lassen. Oliven klein schneiden.

Für das Dressing in einem kleinen Topf Essig zum Kochen bringen und so lange köcheln, bis er eingedickt und auf die Hälfte der Menge reduziert ist. Dann vom Herd nehmen und den Honig einrühren. Abkühlen lassen und mit 3 EL Öl verrühren. Mit frisch gemahlenem Pfeffer und Salz abschmecken.

Linsen mit Oliven, Röstzwiebeln und dem Dressing vermengen. Den Linsensalat mit den Auberginenstreifen anrichten.

Zubereitung: 1 Std.

Vorspeise

MAKI-SUSHI

FÜLLUNG

2 schwarze Rüben (ca. 275 g)
6 EL dunkle Sojasauce
15 g Ingwer
2 EL Reisessig
1 EL Rohrzucker
1 Chilischote

Eine Marinade aus Sojasauce, Reisessig, Zucker, Chili und geriebenem Ingwer herstellen. Schwarze Rüben schälen, in Salzwasser 30 Min. garen und abkühlen lassen. In kurze, dünne Stifte schneiden und in der Marinade einen Tag im Kühlschrank durchziehen lassen, gelegentlich umrühren.

Zubereitungszeit: 40 Min. + 1 Tag Marinierzeit

SUSHI

250 g schwarzer Klebreis
4 Noriblätter (Seetang)
375 ml Wasser
Wasabipaste
4 EL schwarzer Sesam

WÜRZESSIG

3 EL Reisessig
1 EL süßer Reiswein
1 TL schwarzes Salz
2 TL Rohrzucker

1 Bambusmatte
50 g schwarzer Kaviar, eiskalt
50 ml dunkle Sojasauce

Reis mehrmals wässern, bis das Wasser klar bleibt. Mit 375 ml Wasser bei mittlerer Hitze aufkochen lassen und zugedeckt weitere 15 Min. bei niedrigster Hitze dämpfen lassen. Vom Herd nehmen und zugedeckt weitere 15 Min. quellen lassen.

Währenddessen für den Würzessig Essig, Reiswein, Salz und Zucker in einem kleinen Topf bei schwacher Hitze verrühren, bis sich der Zucker aufgelöst hat. Abkühlen lassen.

Reis in eine flache Schale füllen, sobald er fertig gedämpft ist, und die Würzessig-Mischung mit einem Holzspatel untermengen. Reis etwas abkühlen lassen, bis er Zimmertemperatur hat.
Ein Noriblatt auf eine Bambusmatte legen. Hände mit Wasser anfeuchten. Reis ca. 1 cm dick auf dem Seetangblatt verteilen, dabei am oberen Rand 3 cm freilassen. Unteres Drittel Reis mit Wasabipaste bestreichen und mit marinierten schwarzen Rüben und etwas Sesam belegen. Das Noriblatt mithilfe der Bambusmatte von unten nach oben eng einrollen. Das freigelassene obere Ende eventuell dünn mit Wasser benetzen, um die Rolle fest zu verschließen. Mit den anderen Noriblättern wiederholen. Die Rollen mit einem feuchten scharfen Messer in mundgerechte Stücke teilen und mit viel Sesam bestreuen.

Mit stark gekühltem Kaviar (zum Anrichten keinen Silberlöffel verwenden) und einer kleinen Schale Sojasauce servieren.

Zubereitungszeit: 1,5 Std.

Zubereitungszeit insgesamt:
2 Std. 10 Min. + 1 Tag Marinierzeit

MENÜ

02

Hauptgericht

SCHWARZE LINGUINE MIT TAPENADE

600 g frische Tintenfisch-Linguine

TAPENADE

100 g Gemlik-Oliven
(salzig eingelegte türkische Oliven mit Kern)
50 g schwarze Soft-Pflaumen
50 g Korinthen
½ Knoblauchzehe
1 ½ TL süßer Senf
1 EL Zitronensaft
100 ml Wasser
80 ml Olivenöl
schwarzes Salz

Korinthen in 50 ml Wasser ca. 15 Min. köcheln lassen, bis sie weich sind. Währenddessen Oliven entsteinen, mit den Pflaumen vermengen und die weichgekochten Korinthen dazugeben. Davon die Hälfte mit 50 ml Wasser, dem abgezogenen Knoblauch und Senf im Mixer pürieren. Die andere Hälfte des Oliven-Pflaumen-Korinthen-Gemischs klein schneiden. Alles wieder zusammenfügen, das Öl dazugießen und gut vermengen. Mit Zitronensaft und eventuell etwas schwarzem Salz abschmecken.

Linguine in reichlich gesalzenem Wasser al dente kochen und mit der Tapenade servieren.

Zubereitungszeit: 30 Min.

Dessert

MOHNKUCHEN

200 g gemahlener Mohn
150 g Rohrzucker
150 g Butter
etwas Butter zum Einfetten
5 Eier
1 Vanilleschote
1 Zitrone, ungespritzt

Eine Kastenform mit etwas Butter einfetten. Zitrone heiß abwaschen und Schale reiben. Vanilleschote längs aufschneiden und Mark herausschaben. Eier trennen. Eigelb und Zucker in einer Schüssel schaumig schlagen. Eiweiß zu Schnee schlagen. Butter schmelzen, etwas abkühlen lassen und dann zur Eigelb-Zucker-Masse gießen. Mohn, Vanille und Zitronenschale einrühren und zuletzt den Eischnee vorsichtig unterheben. Im vorgeheizten Ofen bei 170 °C (Umluft 150 °C, Gas Stufe 2) 35 Min. backen.

Zubereitungszeit: 20 Min. + 35 Min. Backzeit

Apéritif

LAKRITZ-LIKÖR

75 g reinen Lakritz
(Reformhaus, Apotheke oder Bioladen)
500 ml Wodka
150 g Rohrzucker
1 EL Anissamen
2 Sternanis

Alle trockenen Zutaten in eine Flasche mit weitem Hals füllen und mit Wodka aufgießen. Den Ansatz für etwa eine Woche an einem dunklen Ort ruhen lassen und ab und zu die Flasche schütteln, bis sich der Lakritz vollständig aufgelöst und den Likör eingefärbt hat. Den fertigen Likör dann durch eine Filtertüte oder ein Tuch seihen, in eine saubere Flasche füllen, gut verschließen und kühl und dunkel für eine weitere Woche ruhen lassen.

Zubereitungszeit:
15 Min. + 2 Wochen zum Durchziehen stehen lassen

Getränk

COLA

Mindestens 1 l Premium-Cola
(die Dunkelste auf dem deutschen Markt)

Gekühlt servieren.

Digestif

ESPRESSO

Kräftige Röstung für die Zubereitung
der Espressi verwenden.

ZUTATEN

3 Auberginen
2 schwarze Rüben (ca. 275 g)
1 Chilischote
1 mittelgroße Zwiebel
2 ½ Knoblauchzehen
15 g Ingwer
1 Zitrone, ungespritzt

1 Vanilleschote
1 EL Anissamen
2 Sternanis
1 Msp. schwarzer Kreuzkümmel
schwarzes Salz
frisch gemahlener schwarzer Pfeffer

50 g schwarzer Kaviar
5 Eier

150 g Butter

170 ml Olivenöl
1 EL süßer Reiswein
5 EL Reisessig
4 EL Balsamico-Essig
140 ml dunkle Sojasauce
1 EL Honig
Wasabipaste
1 ½ TL süßer Senf

600 g Tintenfisch-Linguine
100 g Gemlik-Oliven (salzig eingelegte türkische Oliven mit Kern)
100 g schwarze Oliven (kernlos, eingelegt in Salzlake)
50 g schwarze Soft-Pflaumen
50 g Korinthen
4 Noriblätter (Seetang)

200 g Belugalinsen
250 g schwarzer Klebreis
4 EL schwarzer Sesam
200 g gemahlener Mohn
330 g Rohrzucker
75 g reinen Lakritz (Reformhaus, Apotheke oder Bioladen)
Espressokaffee (kräftige Röstung)

500 ml Wodka
1 l Premium-Cola (die Dunkelste auf dem deutschen Markt)

1 Bambusmatte

01

02

03

04

01 Apéritif 02 Hauptgericht 03 Entrée 04 Dessert

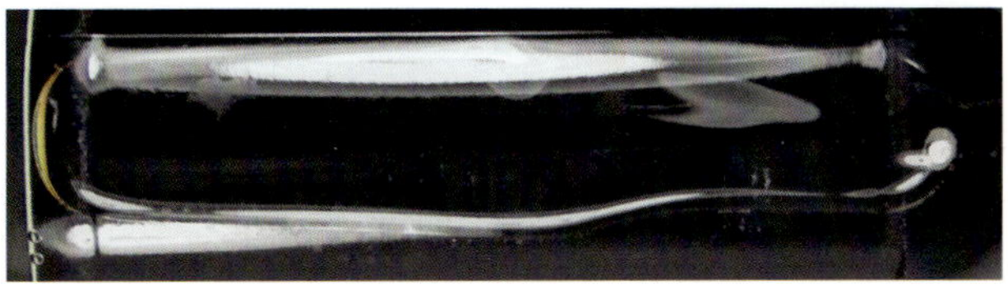

05

06

07

05 Getränk 06 Vorspeise 07 Digestif

MENÜ

03

Apéritif

SÜSSER TEE MIT SAHNE

Entrée

PILZSUPPE

Vorspeise

TOPINAMBUR-PIZZA

Getränk

WHISKEY SOUR

Hauptgericht

KURZGEBRATENES VOM SCHWEIN MIT MARONEN-SAUCE UND VOLLKORNREIS

Dessert

CRÈME CARAMEL

Digestif

MILCHKAFFEE

03

Entrée

PILZSUPPE

GEMÜSEFOND

600 g gemischtes weißes Gemüse
(z. B. Knollensellerie, Petersilienwurzel, weiße Rüben)
2 weiße Zwiebeln
1 Knoblauchzehe
3 Gewürznelken
3 Lorbeerblätter
2,5 l Wasser
Salz
frisch gemahlener weißer Pfeffer
Sonnenblumenöl

SUPPE

500 g gemischte Pilze
(z. B. braune und weiße Champignons, Pfifferlinge)
10 getrocknete Steinpilze
1 Kartoffel
2 Zwiebeln
2 Knoblauchzehen
100 ml trockener Sherry
150 ml Sahne
Salz
frisch gemahlener weißer Pfeffer
Olivenöl
1 EL Butter

Für den Fond das Gemüse waschen, putzen und würfeln. Die anderen Zutaten ebenfalls grob zerkleinern. Öl in einem großen Topf erhitzen, Gemüse hinzugeben und kurz anbraten. Mit 2,5 l Wasser etwa 1 Std. auf kleiner Flamme köcheln lassen, bis sich die Flüssigkeit auf die Hälfte reduziert hat. Beiseitestellen und weitere 20 Min. ziehen lassen. Brühe durch ein feines Sieb passieren, etwas salzen und den Fond direkt weiterverwenden.

Für die Suppe die getrockneten Steinpilze in 200 ml heißem Wasser für 10 Min. einweichen. Kartoffel schälen und in kleine Stücke schneiden, 400 g Pilze säubern und vierteln. Zwiebeln und Knoblauch schälen, fein hacken und in Olivenöl glasig dünsten. Kartoffel und Pilze dazugeben, leicht salzen und 2 Min. mitdünsten. Mit Sherry ablöschen und vollständig einkochen lassen. Vorbereiteten Gemüsefond zugießen, eingeweichte Pilze mitsamt Einweichwasser zugeben, alles aufkochen und bei mittlerer Hitze zugedeckt 20 Min. garen.
Zwischenzeitlich 100 g Pilze putzen und in Scheiben schneiden. 2 EL Öl und 1 EL Butter in einer beschichteten Pfanne erhitzen und die Pilze darin hellbraun anbraten, mit Salz und Pfeffer würzen.
Sahne zu der Suppe geben und mit Salz und Pfeffer würzen. Suppe in einem Mixer fein pürieren und mit den gebratenen Pilzen anrichten.

Zubereitungszeit: 2 Std.

Vorspeise

TOPINAMBUR-PIZZA

TEIG

150 g Dinkelmehl Type 630
10 g frische Hefe
80 ml lauwarmes Wasser
½ EL Zucker
Salz

CREME

25 g gemahlene Mandeln ohne Schale
25 g Macadamia-Nüsse
25 g Pinienkerne
25 g Walnüsse
50 ml Wasser
1 EL Zitronensaft
Salz

BELAG

250 g Topinambur
4 EL Mandelöl
1 Knoblauchzehe
Salz
frisch gemahlener weißer Pfeffer
2 EL Sesam

Für den Teig Mehl in eine Schüssel sieben. Eine Mulde formen und die Hefe hineinbröseln. ½ EL Zucker und 2 EL lauwarmes Wasser über die Hefe geben und leicht mit Mehl bestreuen. Die Schüssel mit einem Geschirrtuch abdecken und an einem warmen Ort für 20 Min. gehen lassen. Danach 80 ml lauwarmes Wasser zum Teig geben, salzen, kräftig durchkneten und nochmals 30 Min. abgedeckt an einem warmen Ort gehen lassen.

Währenddessen alle Zutaten für die Creme in einem Mixer pürieren. Knoblauchzehe schälen, pressen und im Mandelöl ziehen lassen. Topinambur schälen und in feine Scheiben hobeln.

Ofen auf 200 °C (Umluft 180 °C, Gas Stufe 3) vorheizen. Nach der Gehzeit den Teig gut durchkneten, dabei für eine griffige, nicht klebrige Konsistenz großzügig mit Mehl bestreuen. Teig in 4 Stücke teilen und auf einer mit Mehl bestreuten Arbeitsfläche zu sehr dünnen Fladen ausrollen. Auf ein mit Backpapier belegtes Blech legen. Die Pizzaböden mit der Mandelnusscreme und etwas Mandel-Knoblauch-Öl bestreichen. Mit Topinambur einschichtig belegen, die Streifen mit der restlichen Ölmischung bepinseln und mit etwas Sesam bestreuen. Mit Salz und Pfeffer würzen und 12–15 Min. auf mittlerer Schiene backen.

Zubereitungszeit: 50 Min. + 50 Min. Gehzeit

MENÜ

03

Hauptgericht

KURZGEBRATENES VOM SCHWEIN MIT MARONEN-SAUCE UND VOLLKORNREIS

4 Schweinelachssteaks oder
Schweinemedaillons, 125 g pro Person

SAUCE
250 g gekochte Maronen
40 ml Cognac
40 ml Sahne
20 g Butter
75 ml Wasser
Salz
frisch gemahlener weißer Pfeffer
Butterschmalz
Olivenöl

REIS
200 g Vollkornreis
kleine Zwiebel
frisch geriebener Muskat
400 ml Wasser
Salz
Olivenöl

Für den Reis Zwiebel schälen, in sehr feine Würfel schneiden und in etwas Olivenöl glasig dünsten. Muskat und Reis dazugeben und weitere 2 Min. dünsten. Mit 400 ml Wasser ablöschen, aufkochen lassen und auf niedrigster Stufe für ca. 40 Min. köcheln lassen, bis der Reis gar ist. Mit Salz abschmecken und warm halten.

150 g Maronen mit 75 ml Wasser und 1 EL Olivenöl im Mixer pürieren. Die restlichen Maronen halbieren und beiseitestellen. In einer Pfanne das Fleisch in Butterschmalz von jeder Seite 3–4 Min. braten. Fleisch in Alufolie wickeln und ruhen lassen. In derselben Pfanne Butter erhitzen und die Maronenhälften darin anbraten. Mit Cognac aufgießen, Maronenpüree und Sahne zufügen und bei schwacher Hitze 5 Min. köcheln lassen. Mit Salz und Pfeffer abschmecken. Die Medaillons auf einen Maronen-Saucen-Spiegel setzen und mit Reis und Maronenhälften anrichten.

Zubereitungszeit: 1,5 Std.

Dessert

CRÈME CARAMEL

250 ml Mandelmilch
250 ml Schlagsahne
100 g weißer Zucker
20 g Rohrzucker
50 ml warmes Wasser
2 Eigelbe
2 Eier
1 Vanilleschote
Butter

4 Soufflé-Förmchen (Ø 8 cm)

Förmchen leicht mit Butter ausstreichen. 100 g Zucker bei mittlerer Hitze goldbraun karamellisieren. 50 ml warmes Wasser vorsichtig zugießen. Bei milder Hitze unter Rühren kochen, bis sich der Karamell verflüssigt hat. Sofort in die Förmchen gießen, etwas schwenken, damit Rand und Boden gleichmäßig bedeckt sind. Die 4 Förmchen für 30 Min. in den Kühlschrank stellen.
1 Vanilleschote längs aufschneiden, Mark herausschaben. 250 ml Mandelmilch und 250 ml Schlagsahne, 20 g Rohrzucker mit dem Vanillemark und der Schote aufkochen. Die Mischung 10 Min. ziehen lassen, dann die Vanilleschote herausnehmen.
2 Eigelbe und 2 ganze Eier mit einem Schneebesen verrühren. Milchmischung mit den Eiern vermengen und in die mit Karamell vorbereiteten Förmchen gießen. Diese in eine große Auflaufform stellen und die Form 2–3 cm hoch mit kochendem Wasser auffüllen. Die Crème im vorgeheizten Ofen bei 180 °C (Umluft ist nicht empfehlenswert, Gas Stufe 2) im unteren Drittel 40 Min. im Wasserbad stocken lassen. Falls die Oberfläche bräunt, mit Alufolie abdecken. Abkühlen lassen und in den Förmchen 2 Std. kalt stellen. Die Crème Caramel mit einem spitzen Messer vom Rand lösen und auf Dessertteller stürzen.

Zubereitungszeit: 1 Std. + 2,5 Std. Kühlzeit

Apéritif

SÜSSER TEE MIT SAHNE

kräftige schwarze Teemischung
1 l Wasser
80 ml Sahne
brauner Kandis

5 TL schwarze Teemischung in einen Teefilter füllen. Mit 1 l kochendem Wasser aufgießen und 3 Min. ziehen lassen. Mit Kandis süßen und je Tasse mit 1 EL Sahne verfeinern.

Zubereitungszeit: 10 Min.

Getränk

WHISKEY SOUR

16 cl Whiskey (Bourbon)
6 cl Limettensaft (ca. 2 Limetten)
60 g Rohrzucker
60 ml Wasser
Eiswürfel

Limetten pressen. 60 g Zucker mit 60 ml Wasser in einem kleinen Topf aufkochen, rühren, bis sich der Zucker aufgelöst hat, und abkühlen lassen. Pro Cocktail je 4 cl Whiskey, 1,5 cl Limettensaft, 1,5 cl Zuckersirup und 3 Eiswürfel im Cocktailshaker für 10 Sek. schütteln, in ein Cocktailglas abseihen und servieren.

Zubereitungszeit: 30 Min.

Digestif

MILCHKAFFEE

Espresso
400 ml Vollmilch

Milde Röstung für die Zubereitung des Kaffees verwenden und pro Glas mit 100 ml erhitzter Milch servieren.

Zubereitungszeit: 10 Min.

03

ZUTATEN

500 g gemischte Pilze
(z. B. braune und weiße Champignons, Pfifferlinge)
250 g Maronen, gekocht
250 g Topinambur
600 g gemischtes weißes Gemüse
(z. B. Knollensellerie, Petersilienwurzel, weiße Rüben)
1 Kartoffel
3 Zwiebeln
2 weiße Zwiebeln
4 Knoblauchzehen

2 Limetten
1 EL Zitronensaft

1 Vanilleschote
3 Gewürznelken
3 Lorbeerblätter
frisch geriebener Muskat
Salz
frisch gemahlener weißer Pfeffer

4 Schweinelachssteaks à 125 g
oder 500 g Schweinemedaillons
4 Eier

400 ml Vollmilch
520 ml Sahne
40 g Butter
Butterschmalz

Sonnenblumenöl
Olivenöl
4 EL Mandelöl

150 g Dinkelmehl Type 630
200 g Vollkornreis
10 getrocknete Steinpilze
25 g gemahlene Mandeln ohne Schale
25 g Macadamia-Nüsse
25 g Pinienkerne
25 g Walnüsse
40 g Sesam
Espresso, milde Röstung
kräftige schwarze Teemischung
100 g weißer Zucker
80 g Rohrzucker
brauner Kandis
10 g frische Hefe

250 ml Mandelmilch
100 ml trockener Sherry
160 ml Whiskey (Bourbon)
40 ml Cognac

Eiswürfel

4 Soufflé-Förmchen (Ø 8 cm)

01

02

03

01 Entrée 02 Getränk 03 Hauptgericht

04

05

06

07

04 Vorspeise 05 Digestif 06 Apéritif 07 Dessert

MENÜ

04

Apéritif

KIWI-LIMETTEN-BOWLE

Entrée

GEKÜHLTE AVOCADO-SUPPE

Vorspeise

LAUWARMER GRÜNER SPARGEL-SALAT

Getränk

GRÜNE TRAUBEN-LIMONADE

Hauptgericht

HÄHNCHENBRUST MIT OLIVEN-PESTO UND ZUCCHINI-CARPACCIO

Dessert

GRÜNER-TEE-EISCREME MIT PISTAZIEN-KEKSEN

Digestif

TRIPLE GREEN MOJITO

Entrée

GEKÜHLTE AVOCADO-SUPPE

GEMÜSEFOND

500 g gemischtes grünes und weißes Gemüse
(z. B. Stangensellerie, Lauch, Zucchini, Petersilienwurzel)
2 weiße Zwiebeln
1 Knoblauchzehe
3 Gewürznelken
3 Lorbeerblätter
1,5 l Wasser
Salz
frisch gemahlener weißer Pfeffer
Olivenöl

SUPPE

2 Avocados
2 kleine Salatgurken
5 Frühlingszwiebeln
1 Limette
1 Bund Koriander
1 Knoblauchzehe
1 TL grüner Tabasco
Salz
frisch gemahlener grüner Pfeffer
1 EL Olivenöl

Für den Fond Gemüse waschen, putzen und würfeln. Die anderen Zutaten ebenfalls grob zerkleinern. Öl in einem großen Topf erhitzen, Gemüse hinzugeben, kurz anbraten und mit 1,5 l Wasser etwa 50 Min. auf kleiner Flamme köcheln lassen, bis sich die Flüssigkeit auf die Hälfte reduziert hat. Beiseitestellen und weitere 20 Min. ziehen lassen. Brühe durch ein feines Sieb passieren, etwas salzen und den Fond direkt weiterverwenden.

Avocado halbieren, Stein und Haut entfernen und achteln. Gurken schälen, halbieren und mit einem Löffel die Kerne herausschaben. Frühlingszwiebel in kleine Ringe schneiden. Limette auspressen. Korianderblätter abzupfen. Alles zusammen mit der Knoblauchzehe und 1 EL Öl in einem Mixer pürieren. Mit dem Fond vermengen und kräftig mit Salz, Pfeffer und Tabasco würzen. Kühl stellen und mindestens 2 Std. ruhen lassen.

Zubereitungszeit: 2 Std. + 2 Std. Kühlzeit

Vorspeise

LAUWARMER GRÜNER SPARGEL-SALAT

400 g Wildspargel
6 Frühlingszwiebeln
1 kleine Handvoll grüne Trauben (kernlos)
½ Limette
½ frische hellgrüne Chilischote
4 EL Reiswein
2 TL Reisessig
1 ½ TL Rapshonig
30 g Ingwer
Salz
Olivenöl

Wildspargel waschen. Limette heiß abwaschen und von einer Hälfte mit einem Zestenmesser Zesten abziehen. ½ Limette auspressen und den Saft mit den Limettenzesten, Reiswein, Essig und Honig zu einer Sauce verrühren. Trauben im Mixer pürieren und dazugeben. Frühlingszwiebeln in schmale Ringe schneiden, Ingwer und Chilischote fein hacken. Öl in einer großen Pfanne erhitzen, Zwiebeln, Ingwer und Chili glasig dünsten. Hitze auf mittlere Stärke reduzieren und Wildspargel hinzufügen, 2–3 Min. mitdünsten, dann die Saucenmischung hinzufügen. Alles kräftig aufkochen und 3 Min. köcheln lassen, so dass der Wildspargel durchgegart, aber noch bissfest ist. Mit Salz abschmecken. Wildspargel mit der Sauce anrichten.

Zubereitungszeit: 30 Min.

04

Hauptgericht

HÄHNCHENBRUST MIT OLIVEN-PESTO UND ZUCCHINI-CARPACCIO

4 Hähnchenbrustfilets
40 g Butter
Salz
frisch gemahlener weißer Pfeffer

PESTO

100 g entsteinte grüne Oliven
100 g Pistazienkerne
75 ml trockener Weißwein
1 ½ EL Zitronensaft
3 El weißer Balsamico-Essig
125 ml Olivenöl

CARPACCIO

4 kleine Zucchini
2 ½ EL weißer Balsamico-Essig
6 EL Olivenöl
50 g Parmesan, gerieben
3 Knoblauchzehen
Salz
frisch gemahlener weißer Pfeffer

Für das Pesto Essig, Zitronensaft und Weißwein verrühren, mit dem Olivenöl mischen. Oliven und Pistazienkerne sehr fein hacken, dazugeben und mindestens 2 Std. ruhen lassen.

Für das Carpaccio Backofen auf 200 °C (Umluft 180 °C, Gas Stufe 3) vorheizen. Zucchini in 2 mm dicke Scheiben schneiden, auf ein Backblech geben, etwas salzen und mit Olivenöl beträufeln. 15–20 Min. backen, bis sie leicht anbräunen. Abkühlen lassen.
Währenddessen Öl, Essig, gepressten Knoblauch und Parmesan zu einer Marinade mischen. Mit Salz und Pfeffer würzen und etwas ziehen lassen. Später die Zucchinischeiben darin wenden, bis sie ganz bedeckt sind.

Die Hähnchenbrustfilets salzen und pfeffern, in Butter bei milder Hitze von jeder Seite 3–4 Min. goldbraun braten, abkühlen lassen. Zum Servieren in schräge Stücke schneiden und mit Oliven-Pesto und marinierten Zucchini anrichten.

Zubereitungszeit:
50 Min. + 20 Min. Backzeit + 2 Std. Kühlzeit

04

Dessert

GRÜNER-TEE-EISCREME MIT PISTAZIEN-KEKSEN

EIS

10 g Matcha (japanisches grünes Teepulver)
250 ml Sahne
250 ml Milch
80 g feiner Zucker
1 Prise Salz

Eismaschine oder Eiswürfel, eiskaltes Wasser und 200 g Salz

KEKSE

100 g Pistazienkerne
90 g Mehl Type 405
75 g feiner Zucker
½ TL Weinsteinbackpulver
50 g weiche Butter
40 ml Milch

Für das Eis alle Zutaten mit einem Schneebesen vermengen, bis sich Zucker und Tee aufgelöst haben. In die Eismaschine geben oder die Eiszubereitung in einer alternativen „Eismaschine", bestehend aus zwei Schüsseln, eine kleinere aus Edelstahl und eine größere aus Kunststoff, herstellen. Die Schüsseln werden ineinandergestellt, der Zwischenraum wird mit Eiswürfeln, 200 g Salz und eiskaltem Wasser aufgefüllt. Die Teemasse in die Edelstahlschüssel geben. So lange rühren, bis die Masse fest wird, dabei die sich am Rand bildenden Kristalle immer wieder abnehmen und in die Eismasse rühren. 8 Std. in das Tiefkühlfach geben. Hin und wieder das Eis herausholen und umrühren, damit es geschmeidig wird.

Pistazienkerne in einer Pfanne ohne Fett unter Rühren vorsichtig rösten und abkühlen lassen. Eine Hälfte der Pistazien im Mixer zu feinem grünen Mehl mahlen, die andere Hälfte hacken. Backofen auf 180 °C (Umluft 160 °C, Gas Stufe 2) vorheizen. Mehl mit Backpulver vermengen. Weiche Butter und Milch in einer Schüssel verquirlen, Mehlmischung dazugeben und gut verrühren. Die Pistazien untermischen. Ein Backblech mit Backpapier auslegen und kleine Teighaufen auf das Blech setzen. Auf mittlerer Schiene 12 Min. backen.

Nach ca. 8 Std. Gefrierzeit mit einem Eiskugelformer oder zwei Löffeln 1–2 Kugeln Eis in einer Dessertschale zusammen mit den Pistazien-Keksen servieren.

Zubereitungszeit:
1 Std. + 15 Min. Backzeit + 8 Std. Gefrierzeit

Apéritif

KIWI-LIMETTEN-BOWLE

4 Kiwis
3 Limetten, ungespritzt
100 ml Holunderblütensirup
1 Flasche Prosecco
Eiswürfel

Kiwis schälen und in kleine Stücke schneiden. Eine Limette heiß abwaschen und Schale fein abreiben. Saft von allen Limetten auspressen. Holunderblütensirup, Kiwi, Limettensaft und Limettenschale gut verrühren und 30 Min. ziehen lassen. Anschließend auf Gläser verteilen, Eiswürfel hinzufügen und mit gekühltem Prosecco aufgießen.

Zubereitungszeit: 20 Min. + 30 Min. ziehen lassen

Getränk

GRÜNE TRAUBEN-LIMONADE

1 kg grüne kernlose Trauben
4 Limetten
1 TL Zitronensaft
1 Bund Zitronenmelisse-Blätter
1,5 l Mineralwasser mit Kohlensäure

Limetten schälen. Trauben, Limetten, Zitronensaft und Melisseblätter in einem Mixer zerkleinern, durch ein Sieb in eine große Karaffe abseihen. Mit gekühltem Mineralwasser auffüllen und sofort servieren, da die Limonade nachbräunt.

Zubereitungszeit: 20 Min.

Digestif

TRIPLE GREEN MOJITO

14 cl weißer Rum
4 Limetten, ungespritzt
100 g Salatgurke
28 cl stilles Mineralwasser
80 g Zucker
80 ml Wasser
2 Stiele frische Pfefferminze
Eiswürfel

Für den Zuckersirup 80 g Zucker mit 80 ml Wasser in einem kleinen Topf aufkochen. Rühren, bis sich der Zucker aufgelöst hat, und abkühlen lassen.

Pfefferminzblätter von den Stielen zupfen. Gurke schälen, 20 g davon in Scheiben schneiden. 1 Limette in Scheiben schneiden, die restlichen 3 auspressen. 80 g Gurke mit den Pfefferminzblättern im Mixer pürieren.
Je Cocktail 2 cl Limettensaft, 2 cl Zuckersirup und 1 TL Gurkenpüree in ein Glas geben. 3,5 cl Rum und 3 Eiswürfel, je 2 Limetten- und Gurkenscheiben dazugeben, mit Mineralwasser auffüllen und verrühren.

Zubereitungszeit: 30 Min.

ZUTATEN

3 kleine Salatgurken
4 kleine Zucchini
500 g gemischtes grünes und weißes Gemüse
(z. B. Stangensellerie, Lauch, Zucchini, Petersilienwurzel)
2 Avocados
400 g Wildspargel
½ hellgrüne Chilischote
11 Frühlingszwiebeln
2 weiße Zwiebeln
5 Knoblauchzehen
1 Bund Koriander
1 Bund Zitronenmelisse-Blätter
2 Stiele frische Pfefferminze
30 g Ingwer

1,1 kg grüne kernlose Trauben
4 Kiwis
13 Limetten, ungespritzt
1 Zitrone

3 Gewürznelken
3 Lorbeerblätter
200 g Salz
frisch gemahlener weißer Pfeffer
frisch gemahlener grüner Pfeffer

4 Hähnchenbrustfilets

290 ml Milch
250 ml Sahne
90 g Butter
50 g Parmesan, gerieben

265 ml Olivenöl
110 ml weißer Balsamico-Essig
60 ml Reiswein
10 ml Reisessig
1 ½ TL Rapshonig
100 ml Holunderblütensirup
1 TL grüner Tabasco

100 g grüne Oliven, entsteint
200 g Pistazienkerne
90 g Weizenmehl Type 405
½ TL Weinsteinbackpulver
235 g feiner Zucker
10 g Matcha (japanisches grünes Teepulver)

75 ml trockener Weißwein
140 ml weißer Rum
0,75 l Prosecco
1,5 l Mineralwasser mit Kohlensäure
280 ml stilles Mineralwasser
Eiswürfel

Eismaschine oder Eiswürfel, eiskaltes Wasser

01

02

03

01 Vorspeise 02 Dessert 03 Hauptgericht

04

05

06

07

04 Entrée 05 Apéritif 06 Digestif 07 Getränk

MENÜ

05

Apéritif

MANGO-LASSI

Entrée

**TORTILLA
MIT MOJO AMARILLO**

Vorspeise

GELBE LINSENSUPPE

Getränk

INGWER-LIMONADE

Hauptgericht

**RAVIOLI MIT
PAPRIKA-RICOTTA-FÜLLUNG
AN ZITRONEN-BUTTER**

Dessert

ZITRONEN-TARTE

Digestif

MAI TAI

05

Entrée

TORTILLA MIT MOJO AMARILLO

TORTILLA

700 g festkochende gelbe Kartoffeln (z. B. Linda)
2 gelbe Paprika
3 große Zwiebeln
3 Eier
Salz
frisch gemahlener weißer Pfeffer
1/4 TL Kurkuma
Olivenöl

Zwiebeln schälen und in schmale Ringe schneiden. Paprika entkernen und in schmale Streifen schneiden. Kartoffeln schälen und in sehr dünne Scheiben schneiden. In einer beschichteten Pfanne (Ø 24 cm) die Kartoffelscheiben in Olivenöl ca. 20 Min. braten. Währenddessen in einer zweiten Pfanne die Zwiebeln in Olivenöl glasig dünsten. Anschließend die Paprikastreifen in Olivenöl schmoren, bis sie gar sind. 1 Ei trennen und das Eigelb gemeinsam mit 2 Eiern in einer großen Schüssel verrühren, kräftig mit Salz und Pfeffer würzen und Kurkuma hinzugeben. Kartoffeln, Zwiebeln und Paprika zu den Eiern geben, gut durchmengen und 15 Min. stehen lassen. Danach Olivenöl in einer beschichteten Pfanne erhitzen, die Masse hineingeben und bei mittlerer Hitze ca. 10 Min. backen. Die Tortilla ab und zu mit einem Messer vorsichtig vom Rand lösen und prüfen, ob sie bereits gestockt ist. Dann zum Wenden einen Teller auf die Pfanne legen und sie mitsamt Teller umdrehen.
Öl erneut in die Pfanne geben, Tortilla vom Teller zurück in die Pfanne gleiten lassen. Von der anderen Seite backen, bis sie gar ist. Dann aus der Pfanne nehmen und etwas abkühlen lassen. In ca. 3 cm breite Streifen schneiden und mit der gelben Seite nach oben gestürzt servieren.

Zubereitungszeit: 1 Std. + 15 Min. Ruhezeit

MOJO

1 große gelbe Paprika
1 Knoblauchzehe
1 gelbe Chilischote
1 EL gemahlene Mandeln
3 EL Orangensaft
2 EL Weißweinessig
160 ml Olivenöl
Salz
frisch gemahlener weißer Pfeffer

Backofen auf 220 °C (Umluft 200 °C, Gas Stufe 4) vorheizen. Paprika waschen, entkernen und vierteln. Mit der Schnittfläche nach unten in einer Auflaufform im vorgeheizten Ofen ca. 30 Min. backen, bis die Schale etwas anbräunt und Blasen wirft. Aus dem Ofen nehmen und die Paprikaviertel mit einem feuchten Geschirrtuch bedecken, damit sie etwas abkühlen. Dann mit einem Messer die Haut von der Paprika abziehen. Die Paprika mit den anderen Zutaten im Mixer pürieren. Mit Salz und Pfeffer würzen.

Zubereitungszeit: 15 Min. + 30 Min. Backzeit

Zubereitungszeit insgesamt:
75 Min. + 30 Min. Backzeit + 15 Min. Ruhezeit

Vorspeise

GELBE LINSENSUPPE

GEMÜSEFOND

600 g gemischtes gelbes und weißes Gemüse
(z. B. gelbe Paprika, weiße Rüben, Knollensellerie,
Petersilienwurzeln, Kartoffeln)
2 weiße Zwiebeln
1 Knoblauchzehe
3 Gewürznelken
3 Lorbeerblätter
2,5 l Wasser
frisch gemahlener weißer Pfeffer
Sonnenblumenöl

SUPPE

350 g gelbe Linsen
2 kleine gelbe Kartoffeln
1 kleine Pastinake
1 Scheibe Ananas
20 g frischer Ingwer
2 Zwiebeln
1 Knoblauchzehe
1 gelbe Chilischote
1 TL Kurkuma
½ TL gemahlener Kreuzkümmel
Salz
frisch gemahlener weißer Pfeffer
Sonnenblumenöl

Für den Fond Gemüse waschen, putzen und würfeln. Die anderen Zutaten ebenfalls grob zerkleinern. Öl in einem großen Topf erhitzen, Gemüse und Gewürze hinzugeben, kurz anbraten und mit 2,5 l Wasser etwa 1 Std. auf kleiner Flamme köcheln lassen, bis sich die Flüssigkeit auf die Hälfte reduziert hat. Beiseitestellen und weitere 20 Min. ziehen lassen. Brühe durch ein feines Sieb passieren, etwas pfeffern und den Fond direkt weiterverwenden.

Kartoffeln und Pastinake schälen und in kleine Stücke schneiden. Chili entkernen, Zwiebeln und Knoblauch schälen, alles fein hacken und in Öl andünsten. Mit Kurkuma und Kreuzkümmel bestreuen. Klein geschnittenes Gemüse und gründlich gewaschene Linsen dazugeben und 3 Min. mitbraten. Mit dem Fond aufgießen und zum Kochen bringen. Ingwer schälen und fein reiben, zusammen mit der klein geschnittenen Ananasscheibe hinzufügen. Mit leicht geöffnetem Deckel bei mittlerer Hitze 45 Min. köcheln lassen. Mit einem Mixer pürieren und mit Salz und Pfeffer würzen.

Zubereitungszeit: 2 Std.

MENÜ

05

Hauptgericht

RAVIOLI MIT PAPRIKA-RICOTTA-FÜLLUNG AN ZITRONEN-BUTTER

PASTATEIG
400 g Weizenmehl Type 405
5 Eier
1 EL Milch
4 EL Olivenöl
1 TL Kurkuma
1 Zitrone, ungespritzt
¼ TL Salz

FÜLLUNG
2 kleine gelbe Paprika
250 g Ricotta
50 g Pinienkerne
⅛ TL Chillipulver
Salz

ZITRONEN-BUTTER
2 Zitronen, ungespritzt
etwas Zitronensaft
125 g Butter
2 Schalotten
4 TL Olivenöl
½ TL Safranfäden
¼ TL Kurkuma
Salz

75 g Parmesan

Mehl zum Ausrollen
Nudelmaschine
Teigrädchen

Für den Nudelteig Zitrone heiß abwaschen und mit einem Zestenmesser Zesten abziehen. Mehl, 4 Eier, Öl, Gewürze und Zitronenzesten mit der Küchenmaschine oder mit den Händen zu einem elastischen Teig verkneten (je nach Größe der Eier etwas mehr Mehl oder Öl zugeben), zu einer Kugel formen und in Klarsichtfolie für 30 Min. im Kühlschrank ruhen lassen.

Währenddessen die Füllung zubereiten. Pinienkerne in einer Pfanne ohne Fett goldbraun anrösten, danach klein hacken. Backofen auf 220 °C (Umluft 200 °C, Gas Stufe 4) vorheizen. Paprika waschen, entkernen und achteln. Mit der Schnittfläche nach unten auf einem Backblech im vorgeheizten Ofen auf mittlerer Schiene ca. 25 Min. backen, bis die Schale etwas anbräunt und Blasen wirft. Aus dem Ofen nehmen und die Paprikaviertel mit einem feuchten Geschirrtuch bedecken, damit sie etwas abkühlen. Dann mit einem Messer die Haut von der Paprika abziehen. Eine Paprika pürieren, die andere in feine Stücke schneiden und mit Pinienkernen und Gewürzen vermengen. Ricotta in ein Geschirrtuch stürzen und Flüssigkeit ausdrücken, zu der Paprikamasse geben.

Den gekühlten Teig in zwei Teile schneiden, nochmals durchkneten, auf einer bemehlten Arbeitsfläche flach ausrollen und in dünne Streifen schneiden. Streifen für Streifen durch die Nudelmaschine geben. Diese zuerst auf höchster Stufe einstellen, nach und nach die Stufen herunterschalten, bis der Teig hauchdünn ist. Lange Teigbahnen kurz schneiden, dann ist es einfacher. Mit einem Teigrädchen auf der einen Hälfte einer ausgerollten Teigplatte Quadrate von 6 × 6 cm markieren (nicht durchschneiden). Jeweils in die Mitte 1 TL Füllung geben. 1 Ei trennen, das Eigelb mit Milch verquirlen und die Ränder der Quadrate damit bestreichen. Nun eine zweite Hälfte locker darüberlegen und den Teig um die Füllung herum fest andrücken. Die Ravioli mit dem Teigrädchen ausschneiden. Bis zur Weiterverarbeitung auf ein mit Mehl bestäubtes Geschirrtuch legen, damit sie nicht festkleben.

Für die Zitronen-Butter Zitronen heiß abwaschen und mit einem Zestenmesser Zesten abziehen. Safranfäden in eine Tasse mit 1 ½ TL kochendem Wasser geben und 10 Min. ziehen lassen. Wenig Butter in einer Pfanne erhitzen und grob geschnittene Schalotten glasig dünsten. Dann Kurkuma, Safranwasser, Zesten und etwas Zitronensaft dazugeben, restliche Butter zerlassen, alles schwenken und mit Salz abschmecken.

Reichlich Salzwasser mit 1 EL Öl zum Kochen bringen und die Ravioli bei mittlerer Hitze drei Minuten darin garen. Mit einer Schaumkelle herausnehmen. Mit reiner Zitronen-Butter (ohne Zesten, Safran, Schalotten) begießen, mit gehobeltem Parmesan bestreuen und servieren.

Zubereitungszeit:
3 Std. + 30 Min. Kühlzeit + 30 Min. Backzeit

Dessert

ZITRONEN-TARTE

TEIG

225 g Mehl Type 405
150 g Butter
50 g Zucker
1 Prise Salz

500 g getrocknete Hülsenfrüchte (z. B. Erbsen)

FÜLLUNG

2 Zitronen, ungespritzt
125 g Zucker
50 ml Sahne
3 Eier

Für den Teig Butter würfeln und mit den restlichen Zutaten zu einem Mürbeteig verkneten. In Folie einwickeln und für 30 Min. im Kühlschrank ruhen lassen. Danach den Teig auf einem Stück Backpapier mit Mehl dünn ausrollen, vorsichtig in eine gefettete Tarte-Form (Ø 27 cm) stürzen und bis hoch zum Rand auslegen. Backofen auf 180 °C (Umluft 160 °C, Gas Stufe 2) vorheizen. Den Teig mit einer Gabel mehrmals einstechen, mit Backpapier auslegen und mit 500 g getrockneten Hülsenfrüchten (z. B. Erbsen) bestreuen. 25 Min. blind backen, danach Backpapier und Hülsenfrüchte entfernen.

Währenddessen die Füllung vorbereiten. Dafür Zitronen heiß abwaschen und die Schale fein reiben, anschließend den Saft auspressen. Zitronenabrieb und 100 ml Zitronensaft mit Eiern, Zucker und Sahne in einer Schüssel verrühren.
Die Crememasse durch ein Sieb passieren oder direkt auf den fertig gebackenen Tortenboden gießen und im Backofen bei 150 °C (Umluft 130 °C, Gas Stufe 1) weitere 30 Min. stocken lassen. Abgekühlt servieren.

Zubereitungszeit:
20 Min. + 30 Min. Kühlzeit + 55 Min. Backzeit

Apéritif

MANGO-LASSI

2 reife Mangos
500 ml Joghurt (1,5%)
200 ml Vollmilch
200 ml stilles Mineralwasser

Mangos entkernen, die Schale entfernen und in Stücke schneiden. Zusammen mit gekühltem Joghurt, Milch und Mineralwasser in einem Mixer pürieren und schaumig schlagen. Frisch servieren.

Zubereitungszeit: 10 Min.

Getränk

INGWER-LIMONADE

120 g frischer Ingwer
120 ml Zitronensaft (2–3 Zitronen)
5 EL Honig
¼ TL Safranfäden
2 Prisen Salz
1,5 l stilles Mineralwasser

Zitronen auspressen, den Saft mit Salz und 250 ml Mineralwasser in eine Karaffe füllen. Ingwer schälen und fein reiben. Ingwerpüree und Safranfäden mit 500 ml Wasser in einem Topf zum Kochen bringen und 20 Min. köcheln, danach abkühlen lassen. Ingwersud nun durch ein feines Sieb abseihen und zu der Zitronenmischung geben. Den Honig einrühren, bis er sich aufgelöst hat und mit dem restlichen Mineralwasser auffüllen. 2 Std. kalt stellen.

Zubereitungszeit: 30 Min. + 2 Std. Kühlzeit

Digestif

MAI TAI

10 cl weißer Rum
6 cl brauner Rum
6 cl Triple Sec
10 cl Zitronensaft (2–3 Zitronen)
8 cl Orangensaft
8 cl Ananassaft
80 g weißer Zucker
Crushed Ice

Zitronen pressen und 2 cl davon beiseitestellen. 8 cl Zitronensaft mit 80 g weißem Zucker in einem kleinen Topf aufkochen, rühren, bis sich der Zucker aufgelöst hat und abkühlen lassen. Pro Cocktail 2,5 cl weißer Rum, 1,5 cl brauner Rum, 1,5 cl Triple Sec, 2 cl Zitronensirup, 0,5 cl Zitronensaft, je 2 cl Orangen- und Ananassaft mit 3 Eiswürfeln im Cocktailshaker für 10 Sek. schütteln, in ein Cocktailglas abseihen und servieren.

Zubereitungszeit: 30 Min.

ZUTATEN

700 g festkochende gelbe Kartoffeln (z. B. Linda)
600 g gemischtes gelbes und weißes Gemüse
(z. B. gelbe Paprika, weiße Rüben, Knollensellerie,
Petersilienwurzel, Kartoffeln)
2 kleine gelbe Kartoffeln
1 kleine Pastinake
5 gelbe Paprika
2 gelbe Chilischoten
2 Zwiebeln
3 große Zwiebeln
2 weiße Zwiebeln
2 Schalotten
3 Knoblauchzehen

2 reife Mangos
1 Scheibe Ananas
140 g frischer Ingwer
11 Zitronen, ungespritzt

3 Gewürznelken
3 Lorbeerblätter
1 TL Safranfäden
2 ½ TL Kurkuma
½ TL gemahlener Kreuzkümmel
⅛ TL Chilipulver
Salz
frisch gemahlener weißer Pfeffer

11 Eier

500 ml Joghurt (1,5 %)
220 ml Vollmilch
50 ml Sahne
250 g Ricotta
75 g Parmesan
275 g Butter

220 ml Olivenöl
Sonnenblumenöl
2 EL Weißweinessig
5 EL Honig

625 g Weizenmehl Type 405
350 g gelbe Linsen
500 g getrocknete Hülsenfrüchte (z. B. Erbsen)
255 g weißer Zucker
50 g Pinienkerne
1 EL gemahlene Mandeln

100 ml weißer Rum
60 ml brauner Rum
60 ml Triple Sec
1,5 l + 200 ml stilles Mineralwasser
140 ml Orangensaft
80 ml Ananassaft

Crushed Ice

Nudelmaschine
Teigrädchen

01

02

03

01 Getränk 02 Vorspeise 03 Entrée

04

05

06

07

04 Hauptgericht 05 Dessert 06 Digestif 07 Apéritif

MENÜ

06

Apéritif

ERDBEER-BOWLE

Entrée

MELONEN-SUPPE

Vorspeise

SERRANO-ERDBEER-CARPACCIO AN FEIGENSAUCE

Getränk

RHABARBER-SCHORLE

Hauptgericht

LACHSFILET MIT ROSA MEERRETTICHKRUSTE AN ROTE-BETE-RISOTTO MIT GAMBAS UND RHABARBER-RELISH

Dessert

ERDBEER-SAHNE-BISKUITROLLE

Digestif

ROSÉWEIN

06

Entrée

MELONEN-SUPPE

2,5 kg Wassermelone
¼ Cantaloupe-Melone
25 g frischer Ingwer
20 g Mandelblättchen
1 ½ Limetten
80 ml Sahne
rosa Salz
frisch gemahlene und einige ganze rosa Beeren
1 Prise Zucker

Mandelblättchen ohne Fett in der Pfanne goldbraun anrösten. Melonen öffnen, entkernen, Fruchtfleisch herauslösen und in kleine Stücke schneiden. Mit dem grob zerkleinerten Ingwer und der Sahne portionsweise im Mixer pürieren. Mit Limettensaft, Salz, gemahlenen rosa Beeren und Zucker abschmecken. Mit einigen rosa Beeren garnieren.

Zubereitungszeit: 30 Min.

Vorspeise

SERRANO-ERDBEER-CARPACCIO AN FEIGENSAUCE

8 Scheiben Serrano-Schinken
250 g frische Erdbeeren

SAUCE
4 Erdbeeren
3 frische Feigen
1 ½ TL Akazienhonig
2 EL Olivenöl
1 TL weißer Balsamico-Essig
½ TL roter Balsamico-Essig
1–2 EL roter Traubensaft
rosa Salz
frisch gemahlener weißer Pfeffer
etwas Zitronensaft

Für die Sauce Feigen und 4 Erdbeeren waschen. Feigen in kleine Würfel schneiden und mit den entkelchten Erdbeeren, Honig, Öl, Essig und Traubensaft im Mixer pürieren. Mit Salz, Pfeffer und etwas Zitronensaft abschmecken. Die übrigen Erdbeeren waschen, entkelchen und in feine Scheiben schneiden. Zusammen mit dem Schinken auf den Tellern verteilen und die Feigensauce darüberträufeln.

Zubereitungszeit: 20 Min.

Hauptgericht

LACHSFILET MIT ROSA MEERRETTICHKRUSTE AN ROTE-BETE-RISOTTO MIT GAMBAS UND RHABARBER-RELISH

RHABARBER-RELISH

1 kleine Gemüsezwiebel
300 g Rhabarber
20 g frischer Ingwer
1 ½ Knoblauchzehen
½ rote Chilischote
100 g Rohrzucker
1 TL rosa Salz
frisch gemahlener weißer Pfeffer
Sonnenblumenöl

Zwiebel schälen und in 1 cm große Würfel schneiden. Rhabarber putzen, abspülen und nur die rosafarbenen Teile in 1–2 cm große Stücke schneiden. Ingwer und Knoblauch schälen und fein würfeln. Chili längs aufschneiden, entkernen und fein hacken. Öl in einem Topf erhitzen. Zwiebel, Knoblauch und Ingwer darin glasig dünsten. Rhabarberstücke, Chili und den Zucker dazugeben und bei kleiner Hitze 2 Min. köcheln lassen, bis der Rhabarber gar, aber noch nicht zerfallen ist. Mit Salz, Pfeffer und eventuell Zucker abschmecken und sofort kochend heiß in ein sauberes Schraubglas füllen, verschließen und abkühlen lassen.

Zubereitungszeit: 30 Min.

ROTE-BETE-RISOTTO

Gemüsefond

500 g gemischtes Gemüse
(z. B. rote Möhren, Knollensellerie, Petersilienwurzel)
1 rote Zwiebel
1 Knoblauchzehe
2 Gewürznelken
2 Lorbeerblätter
1,5 l Wasser
rosa Salz
frisch gemahlener weißer Pfeffer
Olivenöl

Risotto

300 g Risottoreis (z. B. Arborio)
1 kleine frische Rote-Bete-Knolle
1 kleine rote Zwiebel
2 Zweige Rosmarin
200 ml trockener Roséwein
etwas Butter
100 g geriebener Parmesan
rosa Salz
frisch gemahlener weißer Pfeffer
Olivenöl

Für den Gemüsefond das Gemüse waschen, putzen und würfeln. Die anderen Zutaten ebenfalls zerkleinern. Öl in einem großen Topf erhitzen, Gemüse hinzugeben und kurz anbraten. Mit 1,5 l Wasser etwa 1 Std. auf kleiner Flamme köcheln lassen, bis sich die Flüssigkeit auf etwa ⅓ reduziert hat. Beiseitestellen und weitere 20 Min. ziehen lassen. Brühe durch ein feines Sieb passieren, etwas salzen und den Fond für das Risotto weiterverwenden.

Für das Risotto die Rote Bete schälen und sehr fein hacken. Zwiebel schälen und in kleine Würfel schneiden. Öl in einem großen Topf erhitzen. Rote Bete, Zwiebeln und Rosmarinzweige 2 Min. andünsten, Risottoreis hinzufügen und mit einem weiteren Schuss Öl glasig dünsten. Mit dem Wein ablöschen und unter ständigem Rühren einkochen lassen. Rosmarinzweige entfernen. Dann schöpflöffelweise den vorbereiteten Gemüsefond dazugeben. Rühren, bis die Flüssigkeit vom Reis aufgesaugt wurde, erst dann einen neuen Löffel Gemüsefond hinzufügen. So fortfahren, bis der Reis eine cremige Konsistenz hat, aber noch bissfest ist. Von der Herdplatte nehmen und mit Salz, Pfeffer, Parmesan und etwas Butter abschmecken und verfeinern.

Zubereitungszeit: 2,5 Std.

LACHSFILET

600 g Lachsfilet ohne Haut
Preiselbeer-Meerrettich (1 kleines Glas Meerrettich tafelfertig mit 3 Esslöffeln Preiselbeergelee vermengen)
1 Pink Grapefruit
Saft einer halben Zitrone
1 Zweig Rosmarin
rosa Salz
2 TL frisch zerstoßene rosa Beeren
Olivenöl

Das frische Lachsfilet am Stück von Gräten und braunen Schichten befreien. Mit Zitronensaft beträufeln, dann salzen und mit zerstoßenen rosa Beeren einreiben. In 4 Portionsscheiben teilen.

Eine feuerfeste Ofenform mit Öl ausstreichen. Zusätzlich einen kräftigen Schuss Öl in die Form geben. Die Lachsfilets in der Form eng zusammenlegen, damit der Fisch beim Garen saftig bleibt. Die Filets nun 0,5 cm dick mit dem Preiselbeer-Meerrettich bestreichen. Scheiben von der Pink Grapefruit schneiden, die Schale entfernen, einige für die Dekoration zurückbehalten. Die Lachsfilets in die Form legen und jeweils eine halbe Scheibe Pink Grapefruit auf die Filetscheiben geben. Den Rosmarin über die Lachsfilets verteilen. Mit Pergamentpapier locker abdecken.

Den Ofen auf 180 °C (Umluft 160 °C, Gas Stufe 2) vorheizen. Die Lachsfilets ca. 15–20 Min. bei dieser Temperatur garen. Anschließend aus der Form heben und mit den restlichen Scheiben von der Pink Grapefruit garnieren. Mit Risotto und Relish anrichten.

Zubereitungszeit: 30 Min. + 20 Min. Garzeit im Ofen

GEBRATENE GAMBAS

12 Gambas
3 Knoblauchzehen
2 EL Roséwein
etwas Zitronensaft
Olivenöl

Knoblauch schälen und in Scheiben schneiden. Die Gambas mit Schale in Öl anbraten. Nach 2 Min. wenden und die Knoblauchscheiben dazugeben. Wenn die Gambas gerade rosa sind, mit einem Schuss Wein ablöschen, Hitze abdrehen, mit etwas Zitronensaft beträufeln und servieren.

Zubereitungszeit: 10 Min.

Zubereitungszeit insgesamt:
3 Std. 40 Min. + 20 Min. Garzeit im Ofen

Dessert

ERDBEER-SAHNE-BISKUITROLLE

TEIG

80 g feines Mehl Type 405
20 g Speisestärke
100 g weißer Zucker
6 Eier
3 EL Rote-Bete-Saft

FÜLLUNG

500 g Erdbeeren
500 ml Sahne
100 g weißer Zucker

Backblech mit Backpapier auslegen. Backofen auf 220 °C (Umluft 200 °C, Gas Stufe 3–4) vorheizen. Eier trennen. Die Eigelbe mit 50 g Zucker und dem Rote-Bete-Saft schaumig rühren. Das Eiweiß mit den restlichen 50 g Zucker steif schlagen und unter die Eigelbmasse heben. Mehl und Stärke über die Masse sieben und unterziehen. Den Teig auf das Backpapier streichen und auf mittlerer Schiene 8–12 Min. backen. Die gebackene Teigplatte auf ein mit Zucker bestreutes Geschirrtuch stürzen. Mit einem angefeuchteten Geschirrtuch bedecken und abkühlen lassen. Backpapier vorsichtig abziehen.

Erdbeeren waschen, trocknen und entkelchen. Klein schneiden und ein Drittel pürieren. Sahne mit 100 g Zucker steif schlagen und mit den Erdbeerstückchen sowie dem Erdbeerpüree vermengen. Die Masse auf die Teigplatte streichen und vorsichtig, mithilfe des Tuches, einrollen. Zum Servieren dicke Scheiben abschneiden und auf die Teller legen.

Zubereitungszeit: 1 Std.

Apéritif

ERDBEER-BOWLE

750 g frische Erdbeeren
1 Flasche trockener Roséwein
1 Flasche Rosésekt
75 ml Triple Sec

Erdbeeren abspülen, trocken tupfen und entkelchen. 8 Stück beiseitelegen und die restlichen Erdbeeren in Scheiben schneiden. Erdbeerscheiben in ein Bowlegefäß geben, mit Triple Sec begießen und 1 Std. ziehen lassen. Mit gekühltem Wein und Sekt aufgießen. Zum Servieren angeschnittene Erdbeeren an jeden Glasrand stecken.

Zubereitungszeit: 15 Min. + 1 Std. ziehen lassen

Getränk

RHABARBER-SCHORLE

1 l Rhabarbersaft
1 l sprudelndes Mineralwasser

Beide Getränke im Verhältnis 1:1 in einer Karaffe vermischen. Gekühlt servieren.

Zubereitungszeit: 5 Min.

Digestif

ROSÉWEIN

Mindestens 1 Flasche trockener Roséwein (z. B. Syrah)

Gekühlt in Weißweingläsern servieren.

ZUTATEN

1 kleine frische Rote-Bete-Knolle
500 g rotes und weißes gemischtes Gemüse
(z. B. rote Karotte, Knollensellerie, Petersilienwurzel)
1 kleine Gemüsezwiebel
2 rote Zwiebeln
6 Knoblauchzehen

½ rote Chilischote
45 g frischer Ingwer
3 Zweige Rosmarin

1,5 kg frische Erdbeeren
2,5 kg Wassermelone
¼ Cantaloupe-Melone
300 g Rhabarber
4 frische Feigen
1 Pink Grapefruit
1 ½ Limetten
1 Zitrone

2 Gewürznelken
2 Lorbeerblätter
rosa Salz
rosa Beeren
2 TL frisch zerstoßene rosa Beeren
frisch gemahlene rosa Beeren
frisch gemahlener weißer Pfeffer

600 g Lachsfilet ohne Haut
12 Gambas
8 Scheiben Serrano-Schinken
6 Eier

580 ml Sahne
Butter
100 g Parmesan

1 TL weißer Balsamico-Essig
½ TL roter Balsamico-Essig
Olivenöl
Sonnenblumenöl
3 EL Rote-Bete-Saft
2 TL Akazienhonig
1 Glas Meerrettich
Preiselbeergelee

300 g Risottoreis (z. B. Arborio)
80 g Weizenmehl Type 405
20 g Speisestärke
100 g weißer Zucker
100 g Rohrzucker
20 g Mandelblättchen

3 Flaschen trockener Roséwein (z. B. Syrah)
1 Flasche Rosésekt
75 ml Triple Sec
1–2 EL roter Traubensaft
1 l Rhabarbersaft
1 l sprudelndes Mineralwasser

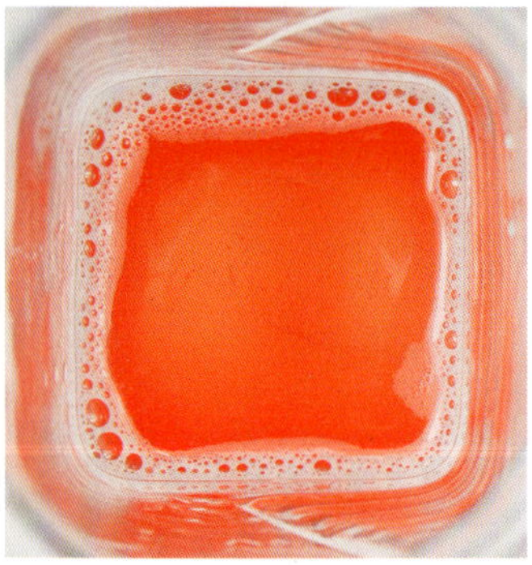

01

02

03

04

01 Getränk 02 Entrée 03 Apéritif 04 Vorspeise

05

06

07

05 Hauptgericht 06 Digestif 07 Dessert

MENÜ

07

Apéritif

BASIL LIME SMASH

Entrée

RUCOLA-SALAT MIT PISTAZIEN-KORIANDER-FRIKADELLEN

Vorspeise

MANGOLD-ROLLEN AN KRÄUTERSAHNE

Getränk

MINZ-LIMONADE

Hauptgericht

SPINAT-LASAGNE

Dessert

GRÜNE BROWNIES

Digestif

WEIZENGRAS-SAFT

Entrée

RUCOLA-SALAT MIT PISTAZIEN-KORIANDER-FRIKADELLEN

150 g Rucola

FRIKADELLEN
250 g gemischtes Hackfleisch
20 g Pistazienkerne
½ Bund Koriander
20 g frischer Ingwer
1 Knoblauchzehe
6 grüne Pfefferkörner
1 Ei
Salz
Olivenöl

DRESSING
6 EL Kürbiskernöl
1 TL Akazienhonig
1 Zitrone
Salz
frisch gemahlener schwarzer Pfeffer

Rucola waschen und auf vier Teller verteilen.
Pistazien und Pfefferkörner fein hacken. Koriander waschen und trocken schütteln, Blättchen von den Stielen zupfen und ebenfalls fein hacken. Knoblauch und Ingwer schälen und fein reiben. Hackfleisch, Pistazien, Koriander, Ingwer, Knoblauch, Pfeffer mit Ei vermengen und mit den Händen zu einem Teig verkneten. Mit Salz würzen und zu Rollen mit ca. 3 cm Durchmesser formen. Etwas Öl in einer Pfanne erhitzen und die Rollen bei mittlerer Hitze unter Wenden ca. 10 Min. braten. Danach in 2 cm dicke Stücke schneiden und auf dem Rucola verteilen.

Zitrone auspressen. In einer kleinen Schüssel die Zutaten für das Dressing verrühren, mit Salz und Pfeffer abschmecken und über den portionierten Rucola und die Frikadellenscheiben träufeln.

Zubereitungszeit: 40 Min.

Vorspeise

MANGOLD-ROLLEN AN KRÄUTERSAHNE

12 große Mangoldblätter

FÜLLUNG
300 g Mehl Type 630
2 Eier
250 ml Milch
1 Bund glatte Petersilie
1 Bund Schnittlauch
2 Stiele Liebstöckel
2 Stiele Pfefferminze
frisch gemahlener Muskat
1 TL Salz
frisch gemahlener grüner Pfeffer

KRÄUTERSAHNE
250 ml Sahne
100 ml Gemüsebrühe
2 Bund frische gemischte Kräuter (z. B. Petersilie, Schnittlauch, Minze, Liebstöckel, Basilikum, Ysop, Thymian, Majoran)
frisch gemahlener Muskat
Salz
frisch gemahlener grüner Pfeffer

ca. 24 Zahnstocher

Für die Füllung die Eier trennen. Die Blätter von Petersilie, Liebstöckel und Pfefferminze abzupfen und zusammen mit dem Schnittlauch fein hacken. Mehl, Pfeffer und Muskat in einer großen Schüssel vermischen. In einer kleinen Schüssel Eigelb mit Milch gut verrühren und zum gewürzten Mehl geben. Mit einem Knethaken zu einem Teig verarbeiten, bis dieser glänzt und Blasen wirft. Den Teig zugedeckt bei Zimmertemperatur 30 Min. stehen lassen.
In der Zwischenzeit die Mangoldblätter waschen, die Stiele entfernen und die dicken Blattrippen flach klopfen. Die Mangoldblätter einzeln in kochendem Wasser ca. 1 Min. blanchieren, herausnehmen, auf einem Küchentuch auslegen und trocken tupfen.
Anschließend die fein gehackten Kräuter in den Teig einrühren. Eiweiß mit Salz steif schlagen und unter den vorbereiteten Teig heben.
Je einen Esslöffel Teig auf ein blanchiertes Mangoldblatt geben, Blattseiten einschlagen und aufrollen. Die Mangold-Rollen vorsichtig mit Zahnstochern fixieren.
Die anderen Mangoldblätter genauso zubereiten.

Für die Kräutersauce 200 ml Sahne und 50 ml Gemüsebrühe vermengen und in einer großen Pfanne aufkochen. Hitze reduzieren und die Mangold-Rollen portionsweise ca. 8–10 Min. köcheln lassen. Anschließend herausnehmen und die Zahnstocher vorsichtig entfernen.
Die klein gehackten Kräuter in den Sahnesud geben, den Rest Sahne und Brühe hinzugießen und ca. 5 Min. einkochen lassen. Mit Muskat, Salz und Pfeffer abschmecken. Die Mangold-Rollen zurück in die Kräutersahne geben und weitere 5 Min. bei schwacher Hitze ziehen lassen.

Zum Servieren auf die Teller verteilen und mit der heißen Kräutersahne übergießen.

Zubereitungszeit: 1 Std. + 30 Min. Ruhezeit

Hauptgericht

SPINAT-LASAGNE

12 grüne Lasagneblätter

GRÜNE TOMATENSAUCE
1 kg grüne Tomaten
2 Zwiebeln
Salz
frisch gemahlener schwarzer Pfeffer
1 Prise Zucker
Olivenöl

PESTO
2 Bund Basilikum
25 g Pistazienkerne
25 g Kürbiskerne
50 g Parmesan
2 Knoblauchzehen
150 ml Olivenöl
Salz

FÜLLUNG
750 g Blattspinat oder 750 g tiefgekühlter Spinat
50 g Kürbiskerne
100 g Ricotta
125 g Crème fraîche
4 Knoblauchzehen
2 EL Butter
frisch gemahlener Muskat
Salz
frisch gemahlener schwarzer Pfeffer
Olivenöl

1 EL Butter für die Form
75 g Pestokäse
2 EL Semmelbrösel
2 EL Butterflöckchen

Für die Tomatensauce die Zwiebeln schälen und fein hacken. Die Tomaten waschen und in feine Stücke schneiden. Olivenöl in einem Topf erhitzen und die Zwiebeln darin glasig dünsten. Tomaten hinzufügen, salzen und alles zum Kochen bringen. Zugedeckt etwa 30 Min. köcheln lassen. Anschließend mit dem Pürierstab zerkleinern und mit Salz, Pfeffer und Zucker abschmecken.

Für das Pesto die Basilikumblätter von den Stielen zupfen. Pistazien- und Kürbiskerne, in kleine Stücke geschnittenen Parmesan und die Knoblauchzehen mit dem Öl im Mixer zerkleinern und Salz hinzugeben. Zum Schluss Basilikum dazugeben und nur noch einmal kurz aufmixen.

Für die Spinatfüllung die Knoblauchzehen schälen und fein reiben. Den Spinat putzen und waschen. Die Butter in einem breiten Topf erhitzen und den Knoblauch darin andünsten. Den Spinat hinzufügen und so lange dünsten, bis er zusammenfällt. Das dauert etwa 10 Min.. Dann gut abtropfen lassen.
Inzwischen die Kürbiskerne grob hacken. Den Ricotta mit der Crème fraîche und den Kernen vermischen und unter den Spinat rühren. Mit Salz, Pfeffer und Muskat kräftig würzen und die Mischung verrühren, bis eine glatte Masse entsteht.

Eine feuerfeste Form ausfetten. Den Boden mit Lasagneblättern auslegen. Einen Teil der Tomatensauce darübergießen und mit Pesto bestreichen. Darüber einige Esslöffel Spinatfüllung geben und wieder mit Lasagneblättern zudecken. So weiter verfahren, bis Nudelblätter, Füllung, Sauce und Pesto aufgebraucht sind. Mit Tomatensauce abschließen.
Den Käse fein reiben und mit den Semmelbröseln vermischen. Butterflöckchen auf der Lasagne verteilen, darüber die Käsemischung streuen.
Die Lasagne bei 200 °C (Umluft 180 °C, Gas Stufe 3) im vorgeheizten Backofen etwa 45 Min. backen.

Zubereitungszeit: 1,5 Std. + 45 Min. Backzeit

Dessert

GRÜNE BROWNIES

40 g Matcha (japanisches grünes Teepulver)
250 g weiße Schokolade
100 g Butter
100 g Rohrzucker
100 g Mehl Type 405
½ TL Backpulver
50 ml Sahne
2 Eier
1 Prise Salz

200 g Schokolade grob reiben, 50 g Schokolade in kleine Stücke hacken, beiseitestellen. Die Butter mit der grob geriebenen Schokolade in einem Topf bei kleiner Hitze langsam schmelzen. Die Sahne dazugießen und verrühren, etwas abkühlen lassen. Eier mit Matcha und Zucker in einer Schüssel schaumig aufschlagen und die Schokoladenmasse mit der Eiercreme gut verrühren. Den Teig 20 Min. stehen lassen. Danach die restlichen 50 g Schokoladenstückchen einrühren. Das Mehl mit Backpulver gut vermischen, über den Teig sieben und unterheben. Den Teig in eine mit Backpapier ausgelegte kurze Kastenform gießen und bei 160 °C (Umluft 140 °C, Gas Stufe 2) 30 Min. backen. Der Kuchen soll gerade eben durch sein, damit er noch saftig ist! Abkühlen lassen und vor dem Servieren in Scheiben schneiden.

Zubereitungszeit:
30 Min. + 20 Min. Ruhezeit + 30 Min. Backzeit

Apéritif

BASIL LIME SMASH

20 cl Gin
2 Bund Basilikum
8 cl frisch gepresster Limettensaft (ca. 3 Limetten)
8 cl Agavensirup
Crushed Ice

Pro Cocktail ungefähr 20 frisch gezupfte Basilikumblätter mit 2 cl Limettensaft im Mixer zerkleinern und in einen Cocktailshaker füllen. 5 cl Gin und 2 cl Agavensirup hinzufügen, mit einer Handvoll Crushed Ice auffüllen, für 10 Sek. schütteln und in ein Cocktailglas abseihen.

Zubereitungszeit: 15 Min.

Getränk

MINZ-LIMONADE

4 Bund Pfefferminze
700 g Ananas
2 Limetten
3 Orangen
4 EL weißer Zucker
1 l Mineralwasser mit Kohlensäure

Minzblätter waschen, von den Stielen zupfen und grob hacken. Ananas schälen, vierteln, den Strunk entfernen und das Fruchtfleisch in Stücke schneiden. Limetten und Orangen auspressen. Ananas mit Minze, Limettensaft, Orangensaft und Zucker im Mixer zerkleinern und für ca. 2 Std. kalt stellen. Zum Servieren in einer Karaffe mit Mineralwasser aufgießen.

Zubereitungszeit: 30 Min. + 2 Std. Kühlzeit

Digestif

WEIZENGRAS-SAFT

250 g frisch gezogenes Bio-Weizengras,
ersatzweise Fertigprodukt aus der Flasche

Das Gras durch einen Power-Entsafter pressen und in kleine Gläser füllen. Sollte sofort getrunken werden.

Zubereitungszeit: 10 Min.

ZUTATEN

750 g Blattspinat oder tiefgekühlter Spinat
12 große Mangoldblätter
1 kg grüne Tomaten
150 g Rucola
2 Zwiebeln
7 Knoblauchzehen
20 g frischer Ingwer
4 Bund Pfefferminze
4 Bund Basilikum
½ Bund Koriander
1 Bund glatte Petersilie
1 Bund Schnittlauch
2 Stiele Liebstöckel
2 Bund frische gemischte Kräuter (z. B. Petersilie, Schnittlauch, Minze, Liebstöckel, Basilikum, Ysop, Thymian, Majoran)
250 g frisch gezogenes Bio-Weizengras, ersatzweise Fertigprodukt aus der Flasche

700 g Ananas
5 Limetten
3 Orangen
1 Zitrone

6 grüne Pfefferkörner
frisch gemahlener Muskat
Salz
frisch gemahlener schwarzer Pfeffer
frisch gemahlener grüner Pfeffer

250 g gemischtes Hackfleisch
5 Eier

250 ml Milch
300 ml Sahne
100 g Ricotta
125 g Crème fraîche
200 g Butter
75 g Pestokäse
50 g Parmesan

100 ml Gemüsebrühe
200 ml Olivenöl
6 EL Kürbiskernöl
1 TL Akazienhonig
8 cl Agavensirup

12 grüne Lasagneblätter
300 g Mehl Type 630
100 g Mehl Type 405
2 EL Semmelbrösel
½ TL Backpulver
100 g Rohrzucker
4 EL weißer Zucker
45 g Pistazienkerne
75 g Kürbiskerne
40 g Matcha (japanisches grünes Teepulver)
250 g weiße Schokolade

200 ml Gin
1 l Mineralwasser mit Kohlensäure

Crushed Ice
ca. 24 Zahnstocher

01

02

03

01 Vorspeise 02 Apéritif 03 Getränk

04

05

06

07

04 Dessert 05 Digestif 06 Hauptgericht 07 Entrée

MENÜ

08

Apéritif

SANGRIA

Entrée

GAZPACHO

Vorspeise

BRUSCHETTA

Getränk

GEEISTER FRÜCHTETEE

Hauptgericht

GEFÜLLTE PAPRIKASCHOTEN

Dessert

JOHANNISBEER-TÖRTCHEN

Digestif

JOHANNISBEER-LIKÖR

08

Entrée

GAZPACHO

500 g Tomaten (alternativ Dosentomaten)
3 rote Paprika
2 EL Sherryessig
1 Knoblauchzehe
4 EL Olivenöl
1 Prise Zucker
rotes Salz
frisch gemahlener roter Pfeffer
Eiswürfel

Tomaten an einer Seite leicht kreuzförmig einschneiden, mit kochendem Wasser übergießen und enthäuten. Danach die Tomaten achteln. Backofen auf 220 °C (Umluft 200 °C, Gas Stufe 4) vorheizen. Ein Backblech mit Backpapier auslegen. Paprika waschen, entkernen und vierteln. Mit der Schnittfläche nach unten auf das vorbereitete Backblech setzen und im vorgeheizten Ofen 25–30 Min. backen, bis die Schale etwas anbräunt und Blasen wirft. Aus dem Ofen nehmen und die Paprikastreifen mit einem feuchten Geschirrtuch bedecken, damit sie etwas abkühlen. Dann die Haut von der Paprika abziehen. Knoblauch schälen. Tomaten, Paprika, Sherryessig, Knoblauch, Öl, Zucker und 2–3 Eiswürfel in einem Mixer zerkleinern, bis eine cremige Flüssigkeit entsteht. Gazpacho in eine Schüssel füllen und abgedeckt für mind. 4 Std. in den Kühlschrank stellen. Vor dem Servieren noch einmal mit Gewürzen und Essig abschmecken.

Zubereitungszeit: 45 Min. + mind. 4 Std. ziehen lassen

Vorspeise

BRUSCHETTA

CIABATTA

450 g Mehl
20 g frische Hefe
300 ml Wasser
2 TL Zucker
2 TL Salz
2 EL Olivenöl
1 Tube Tomatenmark (200 g)

BELAG

8 große, aromatische Tomaten
50 ml weißer Balsamico-Essig
50 ml Rotwein
50 ml roter Traubensaft
2 EL Honig
1 Knoblauchzehe
rotes Salz
frisch gemahlener roter Pfeffer
Olivenöl

Für das Brot Mehl in eine Schüssel sieben und in die Mitte eine Mulde drücken. Zucker und klein gebröselte Hefe in 300 ml lauwarmem Wasser auflösen und in die Mulde gießen. Mit dem Mehl bestäuben, zu einem Teig kneten und zugedeckt mindestens 30 Min. an einem warmen Ort gehen lassen, bis er sich deutlich vergrößert hat. Dann Salz, Öl und das Tomatenmark zugeben und alles zu einem glatten Teig verkneten. Auf einem mit Backpapier ausgelegten Backblech den Teig zu einem Laib formen und nochmals etwa 30 Min. gehen lassen, bis er sich etwa verdoppelt hat. Bei 230 °C (Umluft 210 °C, Gas Stufe 5–6) im vorgeheizten Ofen ca. 30 Min. goldbraun backen.

Zwischenzeitlich Tomaten an einer Seite leicht kreuzförmig einschneiden, mit kochendem Wasser übergießen und enthäuten. Danach die Tomaten halbieren, die Kerne entfernen, in kleine Stücke schneiden und in einem Sieb abtropfen lassen. Die Tomatenstücke mit 1 EL Olivenöl übergießen und mit Salz und Pfeffer würzen. Für die Balsamicocreme den Essig gemeinsam mit dem Rotwein unter ständigem Rühren zum Kochen bringen. Sobald die Masse dickflüssig ist, den Traubensaft und den Honig hinzufügen und alles nochmals aufkochen, bis eine dickflüssige Creme entsteht. Abkühlen lassen. Das Ciabatta in 2 cm dicke Scheiben schneiden und im Backofen mittels Grillfunktion bei 180 °C (Umluft 160 °C, Gas Stufe 2) ca. 5 Min. anrösten. Herausnehmen und mit einer abgezogenen Knoblauchzehe einseitig über die Brotscheibe streichen. Einige Tropfen Olivenöl darauf verteilen und etwas Balsamicocreme auftragen. Anschließend die Tomatenstücke großzügig auf die Brotscheiben geben.

Zubereitungszeit:
1 Std. + 1 Std. Gehzeit + 35 Min. Backzeit

MENÜ

08

Hauptgericht

GEFÜLLTE PAPRIKASCHOTEN

GEMÜSEFOND

750 g gemischtes rotes und weißes Gemüse (z. B. Tomaten, rote Paprika, Möhren, Knollensellerie, Petersilienwurzel)
2 rote Zwiebeln
1 Knoblauchzehe
2 Lorbeerblätter
1,5 l Wasser
Salz
frisch gemahlener roter Pfeffer
Sonnenblumenöl

GEFÜLLTE PAPRIKASCHOTEN

4 große rote Paprika
350 g gemischtes Hackfleisch
150 g Langkornreis
100 ml Weißwein
2 EL Tomatenmark
2 kleine Zwiebeln
2 Knoblauchzehen
½ TL gemahlener Kreuzkümmel
½ TL gemahlener Chili
rotes Salz
frisch gemahlener roter Pfeffer
Olivenöl

SAUCE

150 ml Tomatenmark
2 EL Paprikamark
2 Zwiebeln
3 Knoblauchzehen
1 TL Paprikapulver
rotes Salz
frisch gemahlener roter Pfeffer
1 Prise Zucker
Olivenöl

Für den Gemüsefond das Gemüse waschen, putzen und würfeln. Die anderen Zutaten ebenfalls zerkleinern. Öl in einem großen Topf erhitzen, Gemüse hinzugeben und kurz anbraten, mit 1,5 l Wasser etwa 40 Min. auf kleiner Flamme köcheln lassen, bis sich die Flüssigkeit auf die Hälfte reduziert hat. Beiseitestellen und weitere 20 Min. ziehen lassen. Brühe durch ein feines Sieb passieren, etwas salzen und den Fond direkt weiterverwenden.

Zwischenzeitlich die Paprikaschoten waschen, vorsichtig den Stiel entfernen, so dass eine möglichst kleine Öffnung entsteht. Das Kerngehäuse herausnehmen und Paprika beiseitelegen. Zwiebeln und Knoblauchzehen schälen, sehr fein würfeln und in Olivenöl glasig dünsten. Langkornreis dazugeben und weitere 3 Min. dünsten. Mit Weißwein ablöschen und einkochen lassen. 250 ml des Gemüsefonds zugießen und alles zusammen für weitere 10 Min. köcheln lassen. Vom Herd nehmen, mit dem Hackfleisch vermengen, mit Kreuzkümmel, Chili, Salz und Pfeffer würzen und Tomatenmark einrühren. Die Paprikaschoten mit der Fleisch-Reis-Mischung füllen. Dabei das obere Viertel der Schote frei lassen, damit die Masse genügend Platz zum Aufquellen hat, denn der Reis wird nachgaren und aufgehen.

Für die Sauce Zwiebeln und Knoblauch schälen, fein würfeln und in Olivenöl in einem breiten hohen Topf glasig dünsten. Mit 1 EL Paprikapulver verrühren und kurz anrösten. 500 ml Gemüsefond dazugeben, das Tomaten- und Paprikamark einrühren, kräftig mit Salz, Pfeffer und Zucker würzen. Die gefüllten Paprikaschoten zu der Sauce in den Topf geben und 40 Min. mit geschlossenem Deckel köcheln lassen. Die Hitze runterschalten und die Schoten noch 10 Min. in der Sauce ziehen lassen. Zum Anrichten je eine Paprika und etwas Sauce auf einen Teller geben.

Zubereitungszeit: 2,5 Std.

Dessert

JOHANNISBEER-TÖRTCHEN

200 g rote Johannisbeeren, entstielt
125 g Mehl Type 405
60 g weiche Butter
1 Ei (Größe S)
1 Msp. Backpulver
30 g Zucker
40 g Gelierzucker
1 Prise Salz
1 Spritzer Zitrone
Butter

4 Tartelette-Formen (Ø 8 cm)

Mehl, Backpulver, Zucker und Salz vermischen. Ei und weiche Butter in Stücken dazugeben und zu einem Teig verkneten. Zu einer Kugel formen und in Folie gewickelt 30 Min. kalt stellen. Inzwischen 150 g Johannisbeeren pürieren und durch ein Sieb streichen. Das so entstandene Beerenmark (ca. 100 g) mit 40 g Gelierzucker und einem Spritzer Zitrone in einem Topf aufkochen und 3 Min. kochen lassen. Eventuell entstandenen Schaum abschöpfen. Übrige ganze Beeren unterheben. Backofen auf 200 °C (Umluft: 180 °C, Gas Stufe 3) vorheizen. Teig auf einem Stück Backpapier dünn ausrollen und 4 etwa Ø 10 cm große Kreise ausschneiden. Die Formen mit wenig Butter ausstreichen und etwas Mehl bestäuben. Den Teig bis hoch zum Rand hineindrücken, mit einer Gabel mehrmals einstechen und gegebenenfalls überschüssigen Teig abschneiden. Die Formen auf ein Backblech setzen und auf mittlerer Schiene 15 Min. backen. Danach auskühlen lassen und vorsichtig aus den Formen stürzen. Johannisbeerfüllung auf die Böden geben.

Zubereitungszeit:
1 Std. + 30 Min. Kühlzeit + 15 Min. Backzeit

Apéritif

SANGRIA

750 ml Roséwein
250 ml trockener Rotwein
30 ml roter Portwein
50 ml Triple Sec
2 Blutorangen, ungespritzt
2 rote Grapefruits, ungespritzt
3 Nektarinen
¼ Wassermelone
2 TL Rohrzucker
10 Eiswürfel

Orangen, Grapefruits und Nektarinen gut abwaschen und trocken reiben, Kerne entfernen und mitsamt Schale in kleine Stücke schneiden. Melonenfleisch ebenfalls klein schneiden und alles in ein großes (Bowle-)Gefäß geben. Früchte mit Zucker süßen. Portwein und Triple Sec hinzufügen und kurz mit einem Löffel durchmischen, mit Wein aufgießen und die Sangria im Kühlschrank mindestens 2 Std. kalt stellen. Kurz vor dem Servieren Eiswürfel in die Sangria geben und mit Cocktailspießen für die Früchte servieren.

Zubereitungszeit: 15 Min. + 2 Std. ziehen lassen

Getränk

GEEISTER FRÜCHTETEE

5 EL getrocknete rote Früchte
(z. B. Hagebutte, Erdbeere, Hibiskus)
1 Vanilleschote
2 EL Honig
2 l Wasser
Eiswürfel

Wasser zum Kochen bringen und die Früchte mit der Vanilleschote hineingeben, kurz aufwallen lassen und für 15 Min. ziehen lassen. Mit Honig süßen und abkühlen lassen. Mit Eiswürfeln servieren.

Zubereitungszeit: 20 Min.

Digestif

JOHANNISBEER-LIKÖR

Zutaten für ein verschließbares 2-Liter-Glas:

500 g rote Johannisbeeren, entstielt
750 ml Obstbranntwein (z. B. Kirsche)
300 g Rohrzucker
3 Gewürznelken
1 Stange Zimt

Die Johannisbeeren waschen und abtropfen lassen. Mit einem Kartoffelstampfer in einer breiten, flachen Schüssel zerdrücken. Zusammen mit dem Zucker in das große Glas füllen, verschließen und über Nacht ziehen lassen. Am nächsten Tag die Zimtstange und die Nelken dazugeben und mit dem Obstbrand auffüllen. Das Glas fest verschließen, gut schütteln und an einem warmen Ort mindestens 2 Monate ziehen lassen. Hin und wieder schütteln. Den Likör nach der Reifezeit durch einen Kaffee- oder Teefilter in Flaschen abfüllen. Dabei vorsichtig die Beeren ausdrücken, damit der Saft vom Fruchtfleisch, jedoch nicht die Kerne, in den Likör gelangen.

Zubereitungszeit:
20 Min. + mind. 2 Monate ziehen lassen

ZUTATEN

7 große rote Paprika
500 g aromatische Tomaten (alternativ Dosentomaten)
8 große, aromatische Tomaten (ca. 1 kg)
750 g gemischtes rotes und weißes Gemüse (z. B. Tomaten, rote Paprika, Möhren, Knollensellerie, Petersilienwurzel)
2 Zwiebeln
2 kleine Zwiebeln
2 rote Zwiebeln
8 Knoblauchzehen

700 g rote Johannisbeeren
¼ Wassermelone
2 Blutorangen, ungespritzt
2 rote Grapefruits, ungespritzt
3 Nektarinen, ungespritzt
1 Zitrone

2 Lorbeerblätter
½ TL gemahlener Kreuzkümmel
½ TL gemahlener Chili
1 TL Paprikapulver
3 Gewürznelken
1 Stange Zimt
1 Vanilleschote
Salz
rotes Salz
frisch gemahlener roter Pfeffer

350 g gemischtes Hackfleisch
1 Ei (Größe S)

80 g Butter

120 ml Olivenöl
Sonnenblumenöl
50 ml weißer Balsamico-Essig
2 EL Sherryessig
4 EL Honig
400 g Tomatenmark (2 Tuben)
2 EL Paprikamark

150 g Langkornreis
575 g Mehl Type 405
1 Msp. Backpulver
300 g Rohrzucker
30 g weißer Zucker
40 g Gelierzucker
20 g frische Hefe
5 EL getrocknete rote Früchte (z. B. Hibiskus, Hagebutte, Erdbeere)

100 ml Weißwein
50 ml Rotwein
50 ml roter Traubensaft
750 ml Obstbranntwein (z. B. Kirsche)
750 ml Roséwein
250 ml trockener Rotwein
30 ml roter Portwein
50 ml Triple Sec

Eiswürfel
4 Tartelette-Formen (Ø 8 cm)

01

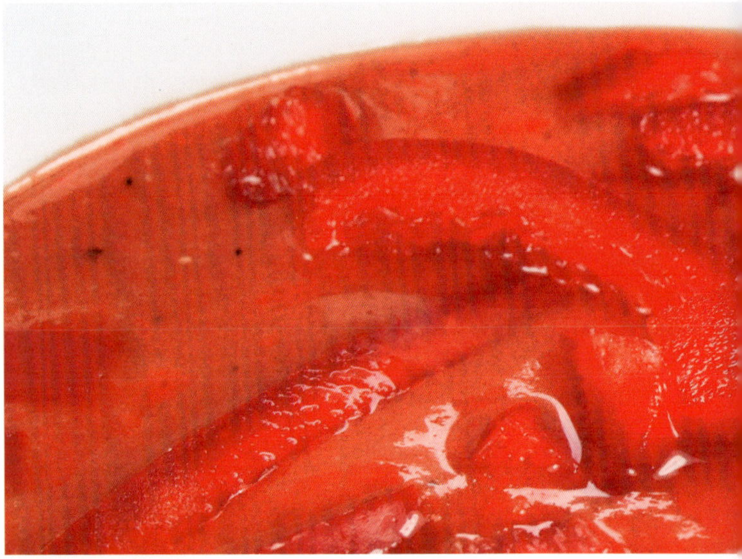

02

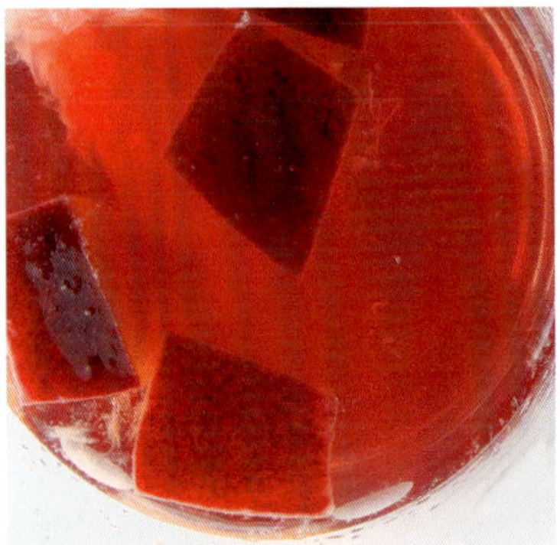

03

04

01 Vorspeise 02 Entrée 03 Apéritif 04 Getränk

05

06

07

05 Dessert 06 Digestif 07 Hauptgericht

MENÜ

09

Apéritif

LAVENDEL-LIMONADE MIT VEILCHENBLÜTEN-EISWÜRFELN

Entrée

BLAUKRAUT-SUPPE

Vorspeise

VIOLETTE KARTOFFELCHIPS MIT BROMBEEREN

Getränk

VIOLET MOON

Hauptgericht

BLAUE TORTILLAS

Dessert

BLAUBEER-TÖRTCHEN

Digestif

VIOLETTER SMOOTHIE

Entrée

BLAUKRAUT-SUPPE

GEMÜSEFOND

500 g gemischtes violettes und weißes Gemüse (z. B. violette Möhren, violette Kohlrabi, Knollensellerie, Petersilienwurzel, das Weiße vom Lauch)
1 rote Zwiebel
1 Knoblauchzehe
1 Gewürznelke
2 Lorbeerblätter
1,2 l Wasser
Salz
frisch gemahlener schwarzer Pfeffer
Olivenöl

SUPPE

1 mittelgroßer Blaukrautkopf
2 saftige, süße Äpfel
2 saftige, süße Birnen
2 Zwiebeln
100 ml Sahne
20 g Butter
4 Lorbeerblätter
frisch geriebener Muskat
Salz
frisch gemahlener schwarzer Pfeffer

Für den Fond Gemüse waschen, putzen und würfeln. Die anderen Zutaten ebenfalls grob zerkleinern. Olivenöl in einem großen Topf erhitzen, Gemüse hinzugeben und kurz anbraten. Mit 1,2 l Wasser etwa 50 Min. auf kleiner Flamme köcheln lassen, bis sich die Flüssigkeit auf die Hälfte reduziert hat. Beiseitestellen und weitere 20 Min. ziehen lassen. Brühe durch ein feines Sieb passieren, etwas salzen und den Fond direkt weiterverwenden.

Blaukraut klein schneiden und mit einem Entsafter entsaften. Äpfel und Birnen schälen und in kleine Würfel schneiden. Zwiebeln sehr klein schneiden und in Butter glasig dünsten, Äpfel und Birnen dazugeben und weitere 3 Min. anschwitzen. Mit dem Fond ablöschen. Blaukrautsaft dazugeben und mit Lorbeerblättern, Muskat und Salz würzen und 15 Min. einkochen lassen. Sahne zugeben und in einem Mixer pürieren. Mit Salz und Pfeffer würzen.

Zubereitungszeit: 1,5 Std.

Vorspeise

VIOLETTE KARTOFFELCHIPS MIT BROMBEEREN

600 g violette Kartoffeln (z. B. Blaue Elise)
250 g Brombeeren
250 ml Erdnussöl
Salz

Kartoffeln schälen und in sehr dünne Scheiben hobeln. Mit etwas Mehl bestäuben und in einer Pfanne in heißem Erdnussöl schwimmend ausbacken. Chips einzeln auf Küchenkrepp abtropfen lassen und mit Salz bestreuen. Mit frischen Brombeeren servieren.

Zubereitungszeit: 45 Min.

MENÜ

09

Hauptgericht

BLAUE TORTILLAS

TORTILLAS

300 g blaues Maismehl
150 g Weizenmehl Type 405
1 Ei (Größe S)
½ TL Salz
Maiskeimöl
evtl. etwas Milch

FRIJOLES

2 kleine Dosen Kidneybohnen (ca. 450 g)
2 Zwiebeln
2 Knoblauchzehen
1 Chilischote
Salz
frisch gemahlener schwarzer Pfeffer
Butter

GEMÜSEFÜLLUNG

1 violette Paprika
500 g violette Kartoffeln (z. B. Blaue Elise)
4 violette Möhren
1 rote Zwiebel
1 Knoblauchzehe
¼ TL gemahlener Koriander
Salz
frisch gemahlener schwarzer Pfeffer
3 EL Olivenöl
1 Bund violettes Basilikum

SALSA

200 ml Hühnerbrühe
2 rote Zwiebeln
2 Knoblauchzehen
1 violette Kartoffel
3 EL Chilipulver
1 TL gemahlener Kreuzkümmel
¼ TL gemahlener Oregano
¼ TL gemahlener Zimt
Salz
frisch gemahlener Pfeffer
3 EL Olivenöl

rote Rettichsprossen

Für die Tortillas die beiden Mehlsorten, Salz und Ei vermengen, so dass ein flüssiger Teig entsteht, gegebenenfalls noch etwas Milch zugeben. Zum Schluss einen Esslöffel Maisöl einrühren. Teig 20 Min. stehen lassen. Etwas Öl in eine Pfanne geben, Teig dünn eingießen und Tortillas von beiden Seiten auf kleiner Flamme backen, so dass sie ihre blaue Farbe behalten und nicht zu braun werden.

Für die Frijoles die Bohnen mitsamt der Flüssigkeit aus der Dose pürieren. Zwiebel, Knoblauch und Chili fein hacken und in Butter glasig dünsten. Bohnenpüree hinzufügen und alles bei schwacher Hitze 10 Min. unter Rühren köcheln lassen. Mit Salz und Pfeffer kräftig würzen.

Für die Gemüsefüllung Paprika, Kartoffeln und Möhren sehr fein würfeln. Basilikumblätter zupfen. Zwiebel und Knoblauch schälen, sehr klein schneiden und in Olivenöl glasig dünsten. Dann die Gemüsesorten dazugeben und einige Minuten braten, bis das Gemüse bissfest ist. Mit Koriander würzen, mit Salz und Pfeffer abschmecken. Zuletzt das Basilikum dazugeben.

Für die Salsa die rohe Kartoffel sehr fein reiben. Zwiebel und Knoblauch schälen, sehr klein schneiden und in Olivenöl glasig dünsten, Gewürze dazugeben und einige Minuten unter Rühren dünsten. Geriebene Kartoffel und Chilipulver auf die Zwiebelmasse geben und durchrühren, dann mit Brühe angießen und weiter rühren. Sauce bis zur gewünschten Konsistenz einkochen lassen.

Frijoles auf die gebackenen Tortillas streichen, mit Gemüse füllen und mit Sauce beträufeln, von zwei Seiten zuklappen und mit Rettichsprossen garnieren.

Zubereitungszeit: 2,5 Std. + 20 Min. Ruhezeit

Dessert

BLAUBEER-TÖRTCHEN

BELAG
40 g Blaubeeren

FÜLLUNG
150 g Blaubeeren
100 g Mascarpone
100 g Frischkäse
2 EL Honig
1 EL Zitronensaft
2 Blatt Gelatine

BODEN
25 g Blaubeeren
50 g geröstete und gemahlene Mandeln
25 g gemahlene Paranüsse
25 g Datteln
½ EL Mandelöl
1 TL Agavensirup
1 Prise Salz

4 Pappbecher (Ø 7 cm)

Für den Boden Mandeln, Nüsse und Datteln mit den Blaubeeren im Mixer zerkleinern. Öl, Agavensirup und Salz dazugeben und alles gut vermengen. Die Böden der Pappbecher abschneiden. Die Becherwände auf 4 cm kürzen. Die so entstandenen „Förmchen" auf einen mit Backpapier ausgelegten, ebenen Teller stellen und die Masse als Tortenböden hineindrücken.

Für die Füllung die Gelatine in etwas kaltem Wasser einige Minuten quellen lassen. Währenddessen Blaubeeren pürieren und mit Mascarpone, Frischkäse, Honig und Zitronensaft mit einem Schneebesen gut verschlagen. Die Gelatine ausdrücken und vorsichtig in wenig Wasser erwärmen, bis sie sich vollständig verflüssigt hat.
Nach und nach die aufgelöste Gelatine in die Blaubeermasse einrühren und auf die Böden in den Pappbecherförmchen geben. Mindesten 4 Std. im Kühlschrank fest werden lassen. Nach 2 Std. herausnehmen, dicht mit Blaubeeren belegen und zurückstellen. Zum Servieren die Pappförmchen aufschneiden und Törtchen auf Dessertteller setzen.

Zubereitungszeit: 1 Std. + 4 Std. Kühlzeit

Apéritif

LAVENDEL-LIMONADE MIT VEILCHENBLÜTEN-EISWÜRFELN

6 EL getrocknete Lavendelblüten
6–8 Veilchenblüten
200 g Zucker
1 Zitrone, ungespritzt
¼ l Wasser
2 Flaschen Mineralwasser
Eiswürfelbehälter

Für die Eiswürfel Veilchenblüten und einzelne Blätter auf die Fächer des Eiswürfelbehälters verteilen und mit Wasser auffüllen. Im Tiefkühlfach gefrieren lassen.

Für die Limonade die Zitrone heiß abwaschen und auspressen. Ausgepresste Zitronenhälften, Zucker und ¼ l Wasser aufkochen. Topf vom Herd nehmen, Lavendelblüten und Zitronensaft einrühren, abkühlen und über Nacht ziehen lassen. Flüssigkeit durch ein feines Sieb abseihen, die Blüten und Zitronenhälften mit einem Löffel noch zusätzlich ausdrücken. Zum Servieren nach Geschmack mit Mineralwasser auffüllen und die Veilchenblüten-Eiswürfel zugeben.

Zubereitungszeit:
15 Min. + 12 Std. ziehen lassen + 6 Std. Eiswürfel-Gefrierzeit

Getränk

VIOLET MOON

250 g frische Blaubeeren
16 cl Liqueur de Violette (klar)
8 cl Gin
20 g Zucker
220 ml Wasser

Für den Zuckersirup 20 g Zucker mit 20 ml Wasser in einem kleinen Topf aufkochen. Rühren, bis sich der Zucker aufgelöst hat, und abkühlen lassen.

Für das Blaubeerwasser die gewaschenen Blaubeeren in einem Topf mit wenig Wasser köcheln lassen, bis sie zerfallen. Anschließend durch ein feines Sieb passieren. Blaubeersud in einer Schüssel auffangen und beiseitestellen. Das Sieb mit den Schalenresten über eine weitere Schüssel hängen und mit 200 ml Wasser „auswaschen", um violettes Wasser zu erhalten.

Pro Cocktail je 2 cl Gin, 4 cl Liqueur de Violette und 1 cl Sirup mit Crushed Ice in den Cocktailshaker geben und 10 Sek. schütteln. In ein Cocktailglas abseihen und mit 3 cl Blaubeerwasser auffüllen.

Zubereitungszeit: 30 Min.

Digestif

VIOLETTER SMOOTHIE

200 g Blaubeeren
2 reife Bananen
100 ml Joghurt (3,8%)
250 ml Milch
2 EL Honig
8 Eiswürfel

Alle Zutaten in einem Mixer schaumig schlagen und auf 4 Gläser verteilen.

Zubereitungszeit: 5 Min.

09

ZUTATEN

1 mittelgroßer Blaukrautkopf
1,2 kg violette Kartoffeln (z. B. Blaue Elise)
500 g gemischtes violettes und weißes Gemüse
(z. B. violette Möhren, violette Kohlrabi, Knollensellerie,
Petersilienwurzel, das Weiße vom Lauch)
4 violette Möhren
1 violette Paprika
4 Zwiebeln
4 rote Zwiebeln
6 Knoblauchzehen
1 Chilischote
rote Rettichsprossen
1 Bund violettes Basilikum

665 g Blaubeeren
250 g Brombeeren
2 saftige, süße Äpfel
2 saftige, süße Birnen
2 reife Bananen
2 Zitronen, ungespritzt

1 Gewürznelke
6 Lorbeerblätter
frisch geriebener Muskat
3 EL Chilipulver
1 TL gemahlener Kreuzkümmel
¼ TL gemahlener Oregano
¼ TL gemahlener Zimt
¼ TL gemahlener Koriander
Salz
frisch gemahlener schwarzer Pfeffer

1 Ei (Größe S)

100 g Mascarpone
100 g Frischkäse
100 ml Joghurt (3,8 %)
100 ml Sahne
250 ml Milch
40 g Butter

200 ml Hühnerbrühe
Olivenöl
250 ml Erdnussöl
Maiskeimöl
½ EL Mandelöl
4 EL Honig
1 TL Agavensirup

2 kleine Dosen Kidneybohnen (ca. 450 g)
300 g blaues Maismehl
150 g Weizenmehl Type 405
220 g Zucker
6 EL getrocknete Lavendelblüten
6–8 Veilchenblüten
50 g geröstete und gemahlene Mandeln
25 g gemahlene Paranüsse
25 g Datteln
2 Blatt Gelatine

160 ml Liqueur de Violette (klar)
80 ml Gin
2 Flaschen Mineralwasser

Eiswürfel
Eiswürfelbehälter
4 Pappbecher (Ø 7 cm)

01

02

03

01 Hauptgericht 02 Digestif 03 Dessert

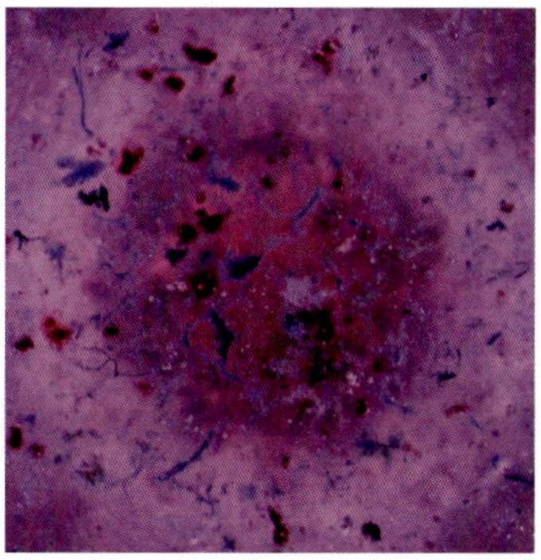

04

05

06

07

04 Getränk 05 Vorspeise 06 Apéritif 07 Entrée

MENÜ

10

Apéritif

KUMQUAT-DRINK

Entrée

KAROTTEN-SALAT MIT ORANGEN-SENF-VINAIGRETTE

Vorspeise

SÜSSKARTOFFEL-SUPPE

Getränk

ORANGEN-KAROTTEN-SAFT

Hauptgericht

ROTE-LINSEN-BRATLINGE MIT KÜRBIS-SPALTEN UND OFENPAPRIKA

Dessert

KARAMELLISIERTE FRÜCHTE MIT ORANGEM KÄSE

Digestif

MANDARINEN-LIKÖR

10

Entrée

KAROTTEN-SALAT MIT ORANGEN-SENF-VINAIGRETTE

600 g Karotten
3 Mandarinen
2 mittelgroße Orangen, unbehandelt
40 ml Rapsöl
40 ml Olivenöl
2 EL Honig (z. B. Orangenblüte)
1 TL Birnensenf
3 TL mittelscharfer oder scharfer Senf (nach Geschmack)
Salz
frisch gemahlener weißer Pfeffer

Karotten schälen, fein stifteln, auf die Teller verteilen und mit jeweils 4–6 filetierten Mandarinenspalten verzieren. Orangenschale abreiben, den Saft auspressen und beides in einer Schüssel mit Honig und Rapsöl verrühren. Olivenöl langsam darunterschlagen und mit Senf, Salz und Pfeffer abschmecken.

Zubereitungszeit: 30 Min.

Vorspeise

SÜSSKARTOFFEL-SUPPE

2 große Süßkartoffeln
8 kleine Karotten
1 Orange
20 g frischer Ingwer
2 große Knoblauchzehen
2 EL Erdnussmus
½ TL Chilipulver
1 TL Kurkuma
2 TL Orangen-Olivenöl
Salz

Karotten schälen, in kleine Stücke schneiden und mit etwas Salz in einem großen Topf mit Wasser bedeckt ca. 5–7 Min. köcheln lassen. Süßkartoffeln schälen und ebenfalls in kleine Stücke schneiden. Ingwer und Knoblauch schälen, Ingwer in längliche und Knoblauch in feine Scheiben schneiden. Alles zu den Karotten geben und eventuell noch etwas Wasser nachgießen, damit alles bedeckt ist, dann kochen, bis die Süßkartoffeln gar sind. Nun alle Ingwerscheiben bis auf 3 Stück entfernen und die Suppe pürieren. Orange auspressen und den Saft dazugeben, mit Kurkuma und Chili würzen, Erdnussmus und Öl einrühren.

Zubereitungszeit: 30 Min.

Hauptgericht

ROTE-LINSEN-BRATLINGE MIT KÜRBIS-SPALTEN UND OFENPAPRIKA

GESCHMORTE KÜRBIS-SPALTEN

1 kg Hokkaido-Kürbis
2 Orangen, unbehandelt
30 g frischer Ingwer
1 EL Rohrzucker
2 Chilischoten
3 Knoblauchzehen
2 Zimtstangen
Salz
frisch gemahlener weißer Pfeffer
6 EL Orangen-Olivenöl

Kürbis waschen, aufschneiden, Kerngehäuse entfernen und in ca. 3 cm breite Spalten schneiden. Orangen heiß abspülen, trocknen, die Schale einer Orange abreiben und den Saft beider Früchte auspressen. Kürbis-Spalten in eine große Auflaufform oder auf ein Backblech legen und mit Salz, Pfeffer, Chili und Zucker würzen. In dünne Scheiben geschnittenen Knoblauch und Ingwer, Orangenschale sowie die Zimtstange auf den Kürbis-Spalten verteilen. Öl und Orangensaft darübergießen. Kürbis im vorgeheizten Ofen bei 200 °C (Umluft 180 °C, Gas Stufe 3) mit Alufolie abgedeckt ca. 25 Min. schmoren, dann weitere 10–15 Min. ohne Alufolie backen.

Zubereitungszeit: 30 Min. + 40 Min. Backzeit

OFENPAPRIKA

4 orange Paprika
1 EL trockener Weißwein
1 EL weißer Balsamico-Essig
3 EL Olivenöl
2 Knoblauchzehen
Salz
frisch gemahlener weißer Pfeffer

Backofen auf 220 °C (Umluft 200 °C, Gas Stufe 3–4) vorheizen. Ein Backblech mit Pergamentpapier auslegen. Paprika waschen, entkernen und vierteln. Mit der Schnittfläche nach unten auf das vorbereitete Backblech setzen und im vorgeheizten Ofen ca. 25–30 Min. backen, bis die Schale etwas anbräunt und Blasen wirft. Aus dem Ofen nehmen und die Paprikastreifen mit einem feuchten Geschirrtuch bedecken, damit sie etwas abkühlen. In der Zwischenzeit Knoblauch, Balsamico-Essig, Wein, Öl, Salz und Pfeffer zu einer Marinade verrühren. Mit einem Messer die Haut von der Paprika abziehen und anschließend in der Marinade wenden.

Zubereitungszeit: 15 Min. + 30 Min. Backzeit

LINSEN-BRATLINGE

200 g rote Linsen
100 g Süßkartoffeln
1 große Karotte
1 mittelgroße Zwiebel
6 EL Mehl
3 EL Semmelbrösel
1 kleines Ei
1 Knoblauchzehe
1 TL Harissa (scharfe Würzpaste)
2 TL Tomatenmark
1 TL Garam Masala (indische Würzmischung)
Salz
frisch gemahlener weißer Pfeffer
Olivenöl

Wasser zum Kochen bringen und Linsen darin ca. 10 Min. garen, dann abgießen und abkühlen lassen. Zwiebel und Knoblauch schälen, klein schneiden und in etwas Öl glasig dünsten. Karotte und Süßkartoffel schälen und fein reiben. Die abgekühlten Linsen in einer Schüssel mit Ei, Mehl, Semmelbröseln, geriebener Karotte und Süßkartoffel, Zwiebel und Knoblauch, Gewürzen und Pasten gut vermischen, so dass eine homogene Masse entsteht. Mit Salz und Pfeffer abschmecken. Öl in einer Pfanne erhitzen. Jeweils 1 EL von der Masse mit den Händen zu einer Kugel formen und vorsichtig flach drücken. Ins heiße Fett geben und von beiden Seiten bei niedriger Flamme nicht zu lange goldgelb braten. Das Fett auf einem Stück Küchenkrepp abtropfen lassen.

Zubereitungszeit: 45 Min.

Zubereitungszeit insgesamt:
1,5 Std. + 70 Min. Backzeit

Dessert

KARAMELLISIERTE FRÜCHTE MIT ORANGEM KÄSE

16 Physalis
8 Aprikosen
8 Mispeln
8 Kumquats
150 g Red-Leicester-Käse
30 g weißer Zucker
2 EL Zitronensaft
50 ml Wasser

Früchte waschen und trocken tupfen, je nach Größe halbieren oder vierteln. Zucker in einen kleinen Topf geben und unter ständigem Rühren goldbraun karamellisieren. Mit heißem Wasser ablöschen, Zitronensaft hinzufügen und 1 Min. unter Rühren köcheln lassen. Klein geschnittene Früchte darin schwenken und auf Dessertteller verteilen. Zusammen mit dem in dünne Scheiben geschnittenen Käse servieren.

Zubereitungszeit: 20 Min.

Apéritif

KUMQUAT-DRINK

125 g Kumquats
100 ml Triple Sec
100 ml Cachaça
80 ml Limettensaft (ca. 4 Limetten)
4 EL Agavensirup
Eiswürfel

Kumquats waschen, trocken reiben und in Scheiben schneiden. Limettensaft, Agavensirup, Cachaça und Triple Sec gut durchmixen. Eiswürfel grob zerstoßen, mit den Kumquats in Gläser geben und mit dem Mixgetränk auffüllen.

Zubereitungszeit: 15 Min.

Getränk

ORANGEN-KAROTTEN-SAFT

8 Saftorangen
400 g Karotten
1 Tropfen Rapsöl

Orangen zu Saft pressen, gewaschene Karotten durch einen Entsafter geben und die Säfte miteinander vermengen. Einen Tropfen Öl dazugeben und frisch servieren.

Zubereitungszeit: 15 Min.

Digestif

MANDARINEN-LIKÖR

6 Mandarinen, unbehandelt
4 Orangen, unbehandelt
200 ml Triple Sec
150 ml weißer Rum
2 EL Sanddornsaft
100 g Rohrzucker

Mandarinen und Orangen mit heißem Wasser abspülen und abkühlen lassen. Mit einer Raffel oder einem Zestenmesser die Schale abnehmen. Danach die Früchte auspressen. Alkohol, Säfte, Zucker und Zesten in einer großen Flasche vermischen und mindestens eine Woche gut verschlossen ziehen lassen.

Zubereitungszeit: 30 Min. + eine Woche ziehen lassen

ZUTATEN

1 kg Hokkaido-Kürbis
4 orange Paprika
1,5 kg Karotten
3 große Süßkartoffeln
2 Chilischoten
1 mittelgroße Zwiebel
8 Knoblauchzehen
50 g frischer Ingwer

17 Saftorangen, davon 8 unbehandelt
9 Mandarinen, davon 6 unbehandelt
250 g Kumquats
16 Physalis
8 Aprikosen
8 Mispeln
4 Limetten
1 Zitrone

2 Zimtstangen
1 TL Garam Masala (indische Würzmischung)
½ TL Chilipulver
1 TL Kurkuma
Salz
frisch gemahlener weißer Pfeffer

1 Ei (Größe S)

150 g Red-Leicester-Käse

1 EL weißer Balsamico-Essig
ca. 120 ml Olivenöl
8 EL Orangen-Olivenöl
40 ml Rapsöl
1 TL Birnensenf
3 TL mittelscharfer oder scharfer Senf (nach Geschmack)
2 EL Honig (z. B. Orangenblüte)
2 EL Erdnussmus
1 TL Harissa (scharfe Würzpaste)
2 TL Tomatenmark
4 EL Agavensirup

200 g rote Linsen
6 EL Mehl
3 EL Semmelbrösel
120 g Rohrzucker
30 g weißer Zucker

300 ml Triple Sec
100 ml Cachaça
150 ml weißer Rum
1 EL trockener Weißwein
2 EL Sanddornsaft

Eiswürfel

01

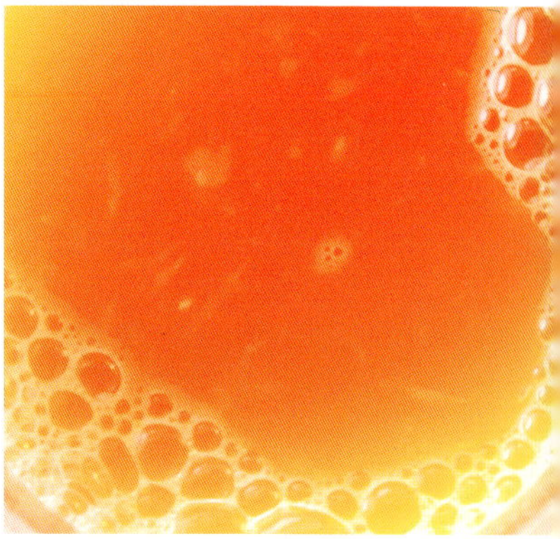

02

03

04

01 Digestif 02 Getränk 03 Hauptgericht 04 Entrée

05

06

07

05 Apéritif 06 Dessert 07 Vorspeise

MENÜ

11

Apéritif

ROTER TRAUBENSAFT

Entrée

ROTE ZWIEBELSUPPE

Vorspeise

BITTERFRUCHTIGER SALAT MIT HIMBEER-DRESSING

Getränk

ROTWEIN

Hauptgericht

STEAK MIT SAUCE BORDELAISE AN BALSAMICO-KARTOFFELN MIT ROTE-BETE-CARPACCIO

Dessert

ROTWEIN-SORBET

Digestif

WALDBEER-LIKÖR

Entrée

ROTE ZWIEBELSUPPE

180 g rote Zwiebeln
180 g Rote Bete, vorgegart
150 ml Rotwein
200 ml Gemüsebrühe
1 ½ TL Rohrzucker
1 ½ TL Himbeeressig
1 ½ TL Zitronensaft
gemahlener Kümmel
rotes Salz
Cayennepfeffer
Sonnenblumenöl

Zwiebeln schälen, halbieren, in dünne Scheiben schneiden und in einer Pfanne mit etwas Öl bei mittlerer Hitze ca. 10 Min. dünsten. Ein Drittel der Rote Bete klein würfeln. Den Rest grob zerkleinert mit einem Drittel der gedünsteten Zwiebeln und dem Wein in einer Schüssel pürieren. Zwiebeln in der Pfanne mit Zucker bestreuen, unter Rühren karamellisieren und dann mit der Rotweinmischung ablöschen. Brühe dazugießen und kurz aufkochen. Gewürfelte Rote Bete zugeben und alles offen ca. 5 Min. einkochen lassen. Mit Essig, etwas Zitronensaft, Salz, Cayennepfeffer und gemahlenem Kümmel abschmecken.

Zubereitungszeit: 40 Min.

Vorspeise

BITTERFRUCHTIGER SALAT MIT HIMBEER-DRESSING

100 g Radicchio
100 g Lollo Rosso
100 g roter Eichblattsalat
1 kleiner Granatapfel
1 Handvoll Rote-Bete-Sprossen

DRESSING

100 g Himbeeren, frisch oder gefroren
40 g Waldbeeren, frisch oder gefroren
1 ½ EL roter Traubensaft
1 ½ EL Himbeeressig
60 ml Olivenöl
1 TL Feigensenf
rotes Salz
frisch gemahlener schwarzer Pfeffer

Beeren mit Traubensaft bei niedriger Temperatur köcheln lassen, bis sie zerfallen. Anschließend durch ein Sieb passieren, Essig, Öl und Feigensenf hinzugeben. Mit dem Schneebesen zu einer homogenen Masse schlagen und mit Salz und Pfeffer abschmecken.

Granatapfel öffnen und die Kerne herauslösen. Radicchio, Eichblattsalat und Lollo Rosso waschen und trocken schleudern. Dann mit Granatapfelkernen und Sprossen auf den Tellern verteilen und mit Dressing beträufeln.

Zubereitungszeit: 20 Min.

11

Hauptgericht

STEAK MIT SAUCE BORDELAISE AN BALSAMICO-KARTOFFELN MIT ROTE-BETE-CARPACCIO

ROTE-BETE-CARPACCIO

300 g Rote Bete, vorgegart
1 ½ TL Himbeeressig
1 ½ TL Rotweinessig
4 EL Olivenöl
1 ½ TL Honig
1 ½ TL Senf, mittelscharf
1 ½ TL Meerrettich
rotes Salz
frisch gemahlener schwarzer Pfeffer

Rote Bete in sehr dünne Scheiben hobeln und auf einem großen Teller auslegen, mit Salz und Pfeffer würzen. Essig, Öl, Honig und Senf miteinander verrühren, mit Salz und Pfeffer würzen und über die Rote Bete träufeln. Ziehen lassen.

Zubereitungszeit: 20 Min. + 2 Std. Marinierzeit

GEBACKENE BALSAMICO-KARTOFFELN

750 g rote Kartoffeln (z. B. Rote Emma)
250 g rote Zwiebeln
3 EL Olivenöl
4 EL roter Balsamico-Essig
rotes Salz
frisch gemahlener schwarzer Pfeffer

Backofen auf 200 °C (Umluft 180 °C, Gas Stufe 3) vorheizen. Kartoffeln in mundgerechte Stücke schneiden, Zwiebeln schälen und achteln. Beides in eine flache, feuerfeste Form geben und mit Öl überziehen. Mit Alufolie bedecken und für 30 Min. im Ofen garen. Danach die Alufolie abnehmen und den Ofen auf 230 °C (Umluft 210 °C, Gas Stufe 5–6) erhitzen. Die übrigen Zutaten zugeben, gründlich vermischen und unter gelegentlichem Umrühren etwa 30 Min. weiter garen, bis die Kartoffeln knusprige Ränder bekommen.

Zubereitungszeit: 15 Min. + 1 Std. Backzeit

STEAK

4 Rindersteaks (à 160 g)
Butterschmalz
rotes Salz
frisch gemahlener schwarzer Pfeffer

SAUCE

400 ml Rotwein (Bordeaux)
400 ml Fleischbrühe (z. B. Kalb)
2 EL Preiselbeersaft (aus Glas mit Preiselbeeren)
4 Schalotten
6 schwarze Pfefferkörner
1 Zweig frischer Thymian
1 Lorbeerblatt
rotes Salz
frisch gemahlener schwarzer Pfeffer
etwas kalte Butter

Fein geschnittene Schalotten mit Pfefferkörnern, Thymian und Lorbeerblatt in eine Pfanne geben. Rotwein dazugeben, aufkochen und einkochen lassen. Dann Fleischbrühe und Preiselbeersaft dazugießen, umrühren und erneut aufkochen lassen. Danach bei niedriger Temperatur köcheln lassen, bis die Sauce um etwa zwei Drittel der ursprünglichen Menge reduziert ist. Mit Salz und Pfeffer abschmecken. Anschließend durch ein feines Sieb abseihen. Zum Andicken der Sauce etwas kalte Butter unterschlagen.

Steaks im Butterschmalz medium braten, aufschneiden und mit Salz und Pfeffer würzen. Mit der Sauce, den Balsamico-Kartoffeln und dem Carpaccio servieren.

Zubereitungszeit: 40 Min.

Zubereitungszeit insgesamt:
75 Min. + 1 Std. Backzeit + 2 Std. Marinierzeit

Dessert

ROTWEIN-SORBET

200 ml trockener Rotwein
200 ml dunkelrote Limonade mit Kohlensäure
(z. B. rote Traube oder Waldfrucht)
200 g Zucker
200 ml stilles Mineralwasser
1 Zitrone, unbehandelt
100 g kernlose rote Weintrauben

Zucker und Mineralwasser in einem Topf bei mittlerer Hitze aufkochen, bis sich der Zucker auflöst, etwas köcheln und zu Sirup eindicken lassen. Den Sirup nach ca. 5 Min. vom Herd nehmen und abkühlen lassen. Die Zitrone heiß abwaschen, die Schale abreiben und den Saft auspressen. In einer großen Schale den Rotwein mit der Limonade mischen. Zitronenschale, den Saft sowie den Sirup dazugeben und alles gut durchrühren. Die Mischung mit Frischhaltefolie abdecken und ca. 10 Std. ins Gefrierfach stellen. In den ersten beiden Stunden alle 15 Min. die Mischung herausnehmen und gut durchrühren, danach vollständig gefrieren lassen.

Vor dem Servieren die gefrorene Masse mit dem Pürierstab zerkleinern, damit es zu einem lockeren Sorbet wird. Portionsweise mit roten Weintrauben dekoriert servieren.

Zubereitungszeit: 30 Min. + 10 Std. Gefrierzeit

Apéritif

ROTER TRAUBENSAFT

Mindestens 1 l roter Traubensaft

Gekühlt servieren.

Getränk

ROTWEIN

Mindestens 1 Flasche trockener Rotwein

Digestif

WALDBEER-LIKÖR

500 g Waldbeeren-Mix, frisch oder tiefgekühlt
(Heidelbeere, Brombeere, Himbeere)
750 ml Himbeerbrand (40 %)
200 g Rohrzucker
½ Stange Zimt
1 Vanilleschote

Waldbeeren auftauen, leicht zerdrücken und in ein verschließbares großes Einmachglas füllen. Vanilleschote auskratzen, Vanillemark mitsamt Schote und den anderen Zutaten ebenfalls ins Glas geben, mit Himbeerbrand auffüllen und gut verschließen. Leicht schütteln und für mindestens 2 Monate ziehen lassen. Hin und wieder leicht schütteln. Vor dem Servieren den Likör durch ein Sieb in Gläser seihen.

Zubereitungszeit: 20 Min.
+ 2 Monate zum Durchziehen stehen lassen

ZUTATEN

480 g Rote Bete, vorgegart
750 g rote Kartoffeln (z. B. Rote Emma)
100 g Radicchio
100 g Lollo Rosso
100 g roter Eichblattsalat
430 g rote Zwiebeln
4 Schalotten
1 Handvoll Rote-Bete-Sprossen
1 Zweig frischer Thymian

1 kleiner Granatapfel
100 g kernlose rote Weintrauben
540 g Waldbeeren-Mix, frisch oder gefroren (Heidelbeere, Brombeere, Himbeere)
100 g Himbeeren, frisch oder gefroren
2 Zitronen, ungespritzt

1 Lorbeerblatt
gemahlener Kümmel
Cayennepfeffer
½ Stange Zimt
1 Vanilleschote
rotes Salz
6 schwarze Pfefferkörner
frisch gemahlener schwarzer Pfeffer

4 Rindersteaks (à 160 g)

Butter
Butterschmalz

400 ml Fleischbrühe (z. B. Kalb)
200 ml Gemüsebrühe

180 ml Olivenöl
Sonnenblumenöl
4 EL roter Balsamico-Essig
4 EL Himbeeressig
1 ½ TL Rotweinessig
2 EL Preiselbeersaft (aus Glas mit Preiselbeeren)
1 ½ TL Honig
1 ½ TL Senf, mittelscharf
1 ½ TL Meerrettich
1 TL Feigensenf
200 g Zucker
230 g Rohrzucker

750 ml Himbeerbrand (40 %)
2 Flaschen trockener Rotwein (z. B. Bordeaux)
200 ml dunkelrote Limonade (z. B. rote Traube oder Waldfrucht, mit Kohlensäure)
1 l roter Traubensaft
200 ml stilles Mineralwasser

01

02

03

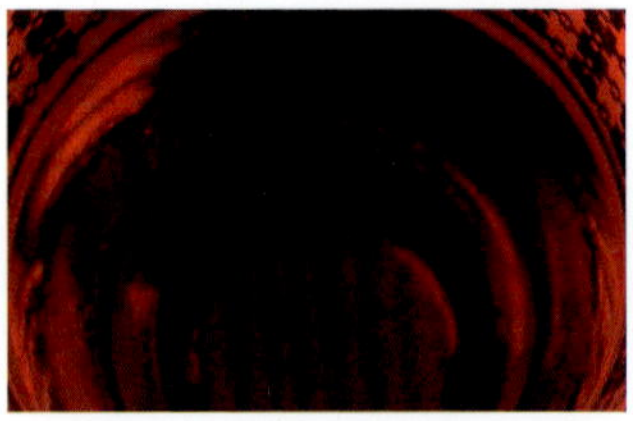

04

01 Hauptgericht 02 Dessert 03 Apéritif 04 Digestif

05

06

07

05 Getränk 06 Vorspeise 07 Entrée

MENÜ

12

Apéritif

GEWÜRZTEE

Entrée

KARAMELLISIERTE NÜSSE

Vorspeise

GALETTE MIT CHAMPIGNON-RAGOUT

Getränk

ALTBIER

Hauptgericht

REHBRATEN AN LEBKUCHEN-SAUCE, DAZU PUMPERNICKEL-KNÖDEL UND MARINIERTE BIRNE MIT DATTEL-CHUTNEY

Dessert

MI-CUIT AU CHOCOLAT

Digestif

ESPRESSO

Entrée

KARAMELLISIERTE NÜSSE

80 g Mandeln
80 g Haselnüsse
80 g Walnüsse
80 g Pekannüsse
40 g Rohrzucker
1 Prise gemahlene Nelken
½ TL gemahlener Zimt
¼ TL Cayennepfeffer
¼ TL gemahlener Kreuzkümmel
½ TL Salz
¼ TL frisch gemahlener schwarzer Pfeffer

Backofen auf 180 °C (Umluft 160 °C, Gas Stufe 2) vorheizen. Nüsse auf ein mit Backpapier ausgelegtes Backblech verteilen und 5–10 Min. backen, bis sie knusprig sind. Dann abkühlen lassen. Den Zucker mit den Gewürzen in einer Schüssel vermischen. Pfanne erhitzen, gebackene Nüsse und Gewürzmischung hineingeben. Unter Rühren die Nüsse 5–10 Min. bei mittlerer Hitze in der sich langsam verflüssigenden Zuckergewürzmischung rösten. Die Pfanne gelegentlich rütteln, damit die Nüsse gleichmäßig karamellisieren. Die fertig gerösteten Nüsse auf Backpapier ausbreiten, gegebenenfalls mit einer Gabel voneinander lösen und abkühlen lassen.

Zubereitungszeit: 30 Min.

Vorspeise

GALETTE MIT CHAMPIGNON-RAGOUT

FÜLLUNG

250 g braune Champignons
125 ml trockener Sherry
2 EL Weißweinessig
125 ml Wasser
2 Zweige Thymian
2 Lorbeerblätter
1 Knoblauchzehe
2 Schalotten
3 EL Butter
½ TL Salz
frisch gemahlener schwarzer Pfeffer

TEIG FÜR 4 GALETTES

225 g Buchweizenmehl
25 g Vollkornmehl
50 g Butter
2 Eier (Größe S)
250 ml kaltes Wasser
Salz

Für den Teig Mehl, Salz, Eier und kaltes Wasser in einer Schüssel vermengen und geschmolzene Butter dazugeben. Der Teig soll gleichmäßig sein und vom Löffel fließen. Teig für 2 Std. an einem kühlen Ort ruhen lassen.

Währenddessen Champignons säubern, die Stiele entfernen und beiseitelegen. Die Köpfe in feine Scheiben schneiden. Schalotten und Knoblauch schälen, fein hacken und in einem Topf in 1 EL Butter glasig dünsten. Mit Sherry ablöschen. ⅛ l Wasser, Weißweinessig, Champignonstiele, Thymian und Lorbeer dazugeben, 15 Min. köcheln lassen. Danach durch ein feines Sieb in einen anderen Topf abgießen und die ausgekochten Zutaten kräftig ausdrücken, damit ein Fond entsteht. Restliche Butter erhitzen und die Champignonscheiben darin andünsten, bis sie gar sind, dann mit dem Fond vermengen. Das Ragout mit Salz und Pfeffer würzen, eventuell noch etwas zusätzliche Butter unterrühren.

Backofen auf 50 °C (Gas minimalste Stufe) vorheizen. Eine kleine beschichtete Pfanne erhitzen und mit wenig Butter einfetten. Den Teig in kleinen Mengen einfließen lassen und sofort über die Breite der Pfanne verteilen. Wenn der Teig sich vom Rand löst und durchgebacken ist, wenden und kurz von der anderen Seite backen. Gebackene Galettes auf einem Teller aufschichten und im vorgeheizten Backofen warm stellen. Ragout aufwärmen und je eine Galette damit anrichten.

Zubereitungszeit: 1 Std. + 2 Std. Ruhezeit

Hauptgericht

REHBRATEN AN LEBKUCHEN-SAUCE, DAZU PUMPERNICKEL-KNÖDEL UND MARINIERTE BIRNE MIT DATTEL-CHUTNEY

REHBRATEN

1 kg Rehfleisch (z. B. Schulter)
5 dünne Scheiben fetter Bauchspeck
1 große rote Zwiebel
1 Bund Suppengrün
2 Lorbeerblätter
2 Wacholderbeeren
2 Pimentkörner
Salz
frisch gemahlener schwarzer Pfeffer
Olivenöl

Marinade für das Fleisch

250 ml Rotweinessig
1 große Zwiebel
3 Knoblauchzehen
10 Wacholderbeeren
5 Pimentkörner
½ TL Senfsamen
½ TL Koriandersamen
5 Lorbeerblätter
250 ml Wasser

Wildfond

500 g Suppenfleisch vom Wild
½ kg Knochen vom Wild
3 Möhren
½ Sellerieknolle
1 Petersilienwurzel
2 Stangen Lauch
1 große Zwiebel
2 Knoblauchzehen
1,5 l Wasser
1½ TL Salz
frisch gemahlener schwarzer Pfeffer
Olivenöl

LEBKUCHEN-SAUCE

50 g Lebkuchen
250 ml trockener Rotwein
½ TL Lebkuchengewürz
Salz
frisch gemahlener schwarzer Pfeffer

Für die Marinade die Knoblauchzehen schälen und grob hacken. Zwiebel schälen und in grobe Spalten schneiden. Rotweinessig mit Wasser mischen und in eine große Schüssel geben. Gehackte Knoblauchzehen, Zwiebelstücke und die Gewürze dazugeben. Das Rehfleisch am Stück einlegen, so dass es vollständig von der Marinade bedeckt ist. 2 Tage an einem kühlen Ort abgedeckt ziehen lassen.

Für den Wildfond Möhren, Sellerieknolle, Lauch, Petersilienwurzel, Zwiebeln und Knoblauch (beides mit Schale) grob zerkleinern. Olivenöl in einen großen Topf geben und erhitzen, Suppenfleisch und Knochen sowie das Gemüse kurz scharf anbraten und mit 1,5 l Wasser aufgießen. Salz und Pfeffer hinzufügen und 1 Std. köcheln lassen, bis sich die Flüssigkeit auf die Hälfte reduziert hat. Anschließend Gemüse, Fleisch und Knochen abseihen. Beiseitestellen.

Backofen auf 170 °C (Umluft 150 °C, Gas Stufe 1–2) vorheizen. Rehbraten aus der Marinade nehmen, mit Küchenkrepp trocken tupfen. Rote Zwiebel mit Schale vierteln und in einem Bräter mit Olivenöl anbraten. Das Rehfleisch am Stück hinzufügen und kurz von allen Seiten scharf anbraten. Suppengrün grob zerkleinern und mit in den Bräter geben, Gewürzkörner, Lorbeerblätter, Salz und Pfeffer hinzufügen. Mit dem vorbereiteten Wildfond angießen, so dass das Fleischstück etwa zu einem Drittel in dem Fond liegt. 100 ml Fond zum späteren Befeuchten des Bratens zurückhalten. Die Oberseite ganzflächig mit den Bauchspeckscheiben belegen, Braten in den vorgeheizten Ofen schieben und ohne Deckel schmoren lassen. Nach 45 Min. den Braten mit dem übrigen Fond begießen, anschließend mit geschlossenem Deckel weiter schmoren lassen. Nach 1 Std. kontrollieren, ob er gar ist, eventuell bis zu 30 Min. weiter schmoren lassen. Nun aus dem Topf nehmen, in Alufolie wickeln und an einem warmen Ort für 10 Min. ruhen lassen. Bratenfond abseihen und für die Lebkuchen-Sauce verwenden.

Für die Sauce Lebkuchen in kleine Stücke brechen und zusammen mit dem Bratenfond, Rotwein und Lebkuchengewürz in einen Topf geben. Kurz aufkochen und mindestens 10 Min. im offenen Topf köcheln lassen, bis sich die Flüssigkeit reduziert und eindickt und der Lebkuchen sich aufgelöst hat. Die Sauce pürieren und mit Salz und Pfeffer abschmecken.

Den Braten nach dem Ruhen in Scheiben schneiden. Mit Lebkuchen-Sauce, Pumpernickel-Knödeln und marinierter Birne servieren.

Zubereitungszeit:
3 Std. + 1,5 Std. Backzeit + 2 Tage Marinierzeit

PUMPERNICKEL-KNÖDEL

200 g Pumpernickel
50 g gehackte Paranüsse
1 mehligkochende Kartoffel
1 rote Zwiebel
1 Ei
frisch geriebener Muskat
Salz
frisch gemahlener schwarzer Pfeffer
Sonnenblumenöl
evtl. etwas Milch

Kartoffel kochen, etwas abkühlen lassen, pellen und mit einer Gabel zerdrücken. Brot sehr fein zerkrümeln. Paranüsse fein hacken und untermischen. Zwiebel schälen, sehr fein würfeln und in Öl glasig dünsten. Alles zusammen mit dem Ei zu einem Teig verkneten und kräftig mit Muskat, Salz und Pfeffer würzen, eventuell etwas Milch dazugeben. Mit den Händen 4 Knödel formen, dicht in Alufolie einwickeln und für 30 Min. zum Garen in kochendes Wasser geben. Etwas abkühlen lassen.

Zubereitungszeit: 1 Std.

MARINIERTE BIRNE

2 feste Birnen
250 ml Rotwein
50 ml roter Balsamico-Essig
2 Gewürznelken
½ TL Zimt
½ TL Rohrzucker
Salz

Birnen schälen, halbieren, Stiel und Fruchtgehäuse entfernen. Rotwein mit Essig in einem breiten Topf mit den Gewürzen erwärmen. Birnenhälften hineingeben und auf mittlerer Hitze 20 Min. ziehen lassen, zwischendurch wenden. Topf vom Herd nehmen und Birnen in der Flüssigkeit abkühlen lassen, herausnehmen und mit Dattel-Chutney füllen. Verbliebene Flüssigkeit im Topf erhitzen und eindicken lassen. Vor dem Servieren die gefüllten Birnenhälften mit dem Jus beträufeln.

Zubereitungszeit: 45 Min.

DATTEL-CHUTNEY

4 saftige getrocknete Datteln (z. B. Medjool)
4 getrocknete Feigen
30 g Sultaninen
130 ml weißer Balsamico-Essig
30 ml Holunderblütensirup
60 g Rohrzucker
2 Schalotten
½ TL frischer Ingwer
1 Stange Zimt
2 Kardamomkapseln
¼ TL gemahlener Koriander
¼ TL Cayennepfeffer
½ TL Salz

Datteln entsteinen und abziehen. Datteln und Feigen klein würfeln und mit den Sultaninen in einer Schüssel mischen. Schalotten schälen und in feine Würfel schneiden. Ingwer schälen, reiben und dazugeben. Essig mit Zucker und Holunderblütensirup aufkochen, die Dattel-Feigen-Sultaninen-Mischung sowie Schalotten mit Ingwer, Zimtstange und Kardamomkapseln ebenfalls hinzugeben, aufkochen und 30 Min. köcheln. Mit Koriander, Salz und Cayennepfeffer abschmecken, nochmals gut durchrühren und abkühlen lassen.

Zubereitungszeit: 1 Std.

Zubereitungszeit insgesamt:
5 Std. 45 Min. + 1,5 Std. Backzeit + 2 Tage Marinierzeit

Dessert

MI-CUIT AU CHOCOLAT

90 g Zartbitterschokolade
75 g kalte Butter
20 g Butter
2 EL Mehl Type 630
3 Eier (Größe S)
5 EL Rohrzucker
1 Vanilleschote
etwas Kakaopulver

4 Soufflé-Förmchen Ø 8 cm

Förmchen mit Butter ausstreichen und mit etwas Mehl bestäuben. Backofen auf 230 °C (Umluft 210 °C, Gas Stufe 5–6) vorheizen. Schokolade klein hacken und mit der Butter in einer kleinen Schüssel über einem Wasserbad schmelzen. Vanilleschote längs aufschneiden und Mark herausschaben. 1 Ei trennen und das Eigelb gemeinsam mit den 2 Eiern, Zucker und Mark der Vanilleschote in einer Schüssel aufschlagen. Geschmolzene Schokoladenmasse dazugeben und 1 ½ EL Mehl unterrühren. In die Förmchen füllen und ca. 8–9 Min. backen. Oftmals prüfen, denn perfekt gebacken sind die Törtchen, wenn sich der Teig gerade an der Oberfläche zu schließen beginnt – außen fest, innen flüssig. Törtchen sofort auf Teller stürzen und noch in den Förmchen für 15 Sek. ruhen lassen. Dann Förmchen entfernen, Mi-cuit vorsichtig wenden und mit Kakaopulver bestäuben. Sofort servieren.

Zubereitungszeit: 20 Min. + 10 Min. Backzeit

Apéritif

GEWÜRZTEE

1 Zimtstange
2 Sternanis
5 Kardamomkapseln
5 Gewürznelken
5 Pimentkörner
frisch gemahlener schwarzer Pfeffer
10 g frischer Ingwer
1,5 l Wasser
Ahornsirup

Ingwer schälen und reiben. Zusammen mit den anderen Gewürzen in 1,5 l Wasser zum Kochen bringen und 25 Min. köcheln lassen, bis sich der Tee auf 1 l reduziert hat. In 4 große Gläser füllen und nach Belieben mit Ahornsirup süßen.

Zubereitungszeit: 30 Min.

Getränk

ALTBIER

4 Flaschen

Gekühlt servieren.

Digestif

ESPRESSO

Espresso
80 ml Sahne

Milde Röstung für die Zubereitung des Kaffees verwenden und je Tasse mit 1 EL Sahne verfeinern.

Zubereitungszeit: 10 Min.

ZUTATEN

250 g braune Champignons
1 Bund Suppengrün
½ Sellerieknolle
1 Petersilienwurzel
2 Stangen Lauch
1 mehligkochende Kartoffel
2 rote Zwiebeln
2 große Zwiebeln
4 Schalotten
6 Knoblauchzehen
3 Möhren
15 g frischer Ingwer
2 Zweige frischer Thymian

2 feste Birnen

9 Lorbeerblätter
12 Wacholderbeeren
12 Pimentkörner
7 Gewürznelken
7 Kardamomkapseln
½ TL Koriandersamen
½ TL Senfsamen
2 Stangen Zimt
2 Sternanis
1 Prise gemahlene Nelken
1 TL gemahlener Zimt
¼ TL gemahlener Koriander
¼ TL gemahlener Kreuzkümmel
½ TL Cayennepfeffer
frisch geriebener Muskat
½ TL Lebkuchengewürz
1 Vanilleschote
Salz
frisch gemahlener schwarzer Pfeffer

1 kg Rehfleisch (z. B. Schulter)
500 g Suppenfleisch vom Wild
500 g Knochen vom Wild
5 dünne Scheiben fetter Bauchspeck
6 Eier (Größe S)
80 ml Sahne
200 g Butter
evtl. etwas Milch

Olivenöl
Sonnenblumenöl
250 ml Rotweinessig
40 ml Weißweinessig
50 ml roter Balsamico-Essig
130 ml weißer Balsamico-Essig
30 ml Holunderblütensirup
Ahornsirup

Espresso, milde Röstung
225 g Buchweizenmehl
25 g Vollkornmehl
40 g Mehl Type 630
80 g Mandeln
80 g Haselnüsse
80 g Walnüsse
80 g Pekannüsse
50 g Paranüsse
4 saftige getrocknete Datteln (z. B. Medjool)
4 getrocknete Feigen
30 g Sultaninen
210 g Rohrzucker
90 g Zartbitterschokolade
etwas Kakaopulver
50 g Lebkuchen
200 g Pumpernickel

500 ml trockener Rotwein
125 ml trockener Sherry
4 Flaschen Altbier

4 Soufflé-Förmchen (Ø 8 cm)

01

02

03

01 Entrée 02 Digestif 03 Dessert

04

05

06

07

04 Apéritif 05 Getränk 06 Hauptgericht 07 Vorspeise

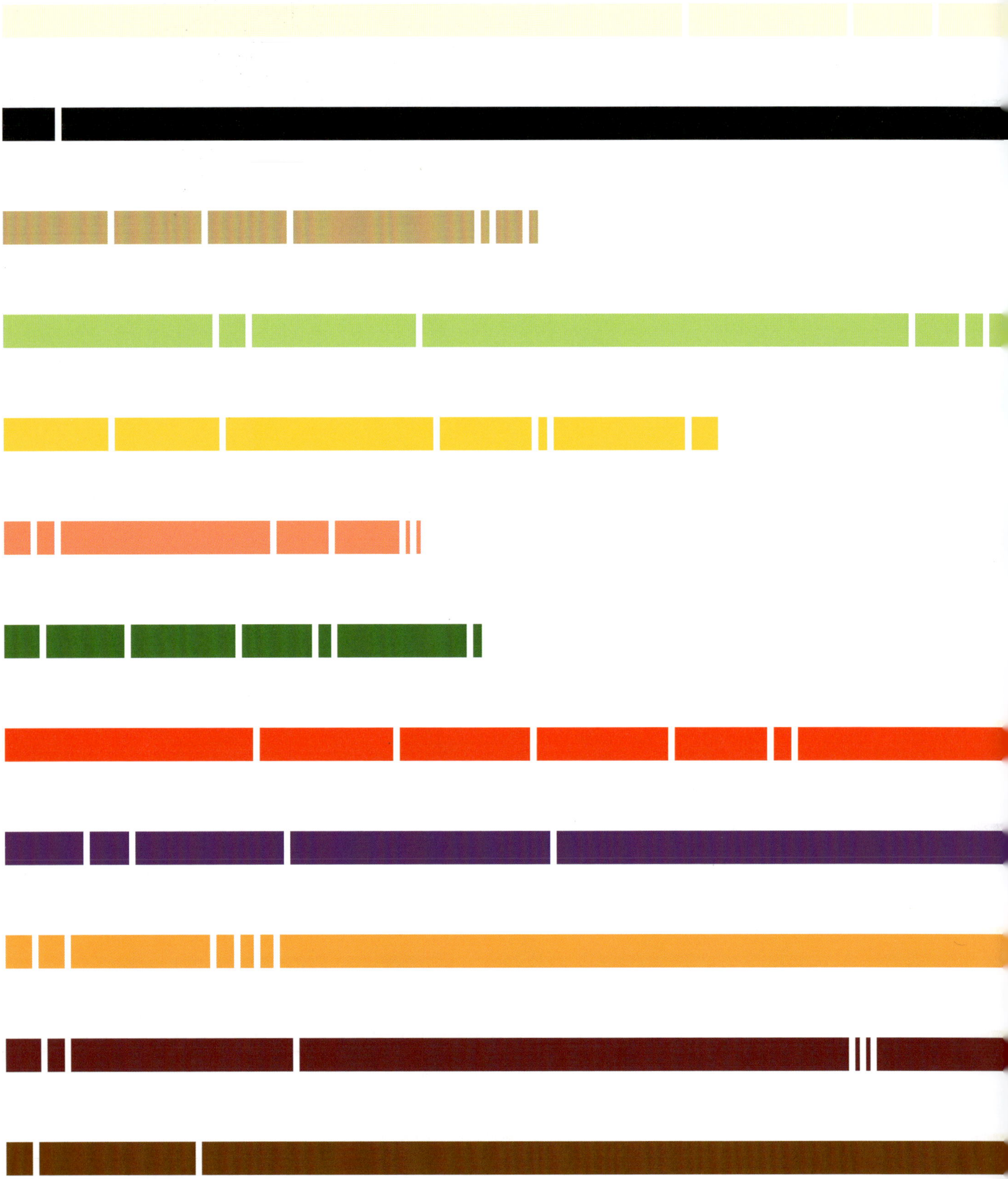

MENÜS ▸

ZUBEREITUNGSZEIT ▸ Entrée + Vorspeise + Hauptgericht + Dessert + Apéritif + Getränk + Digestif

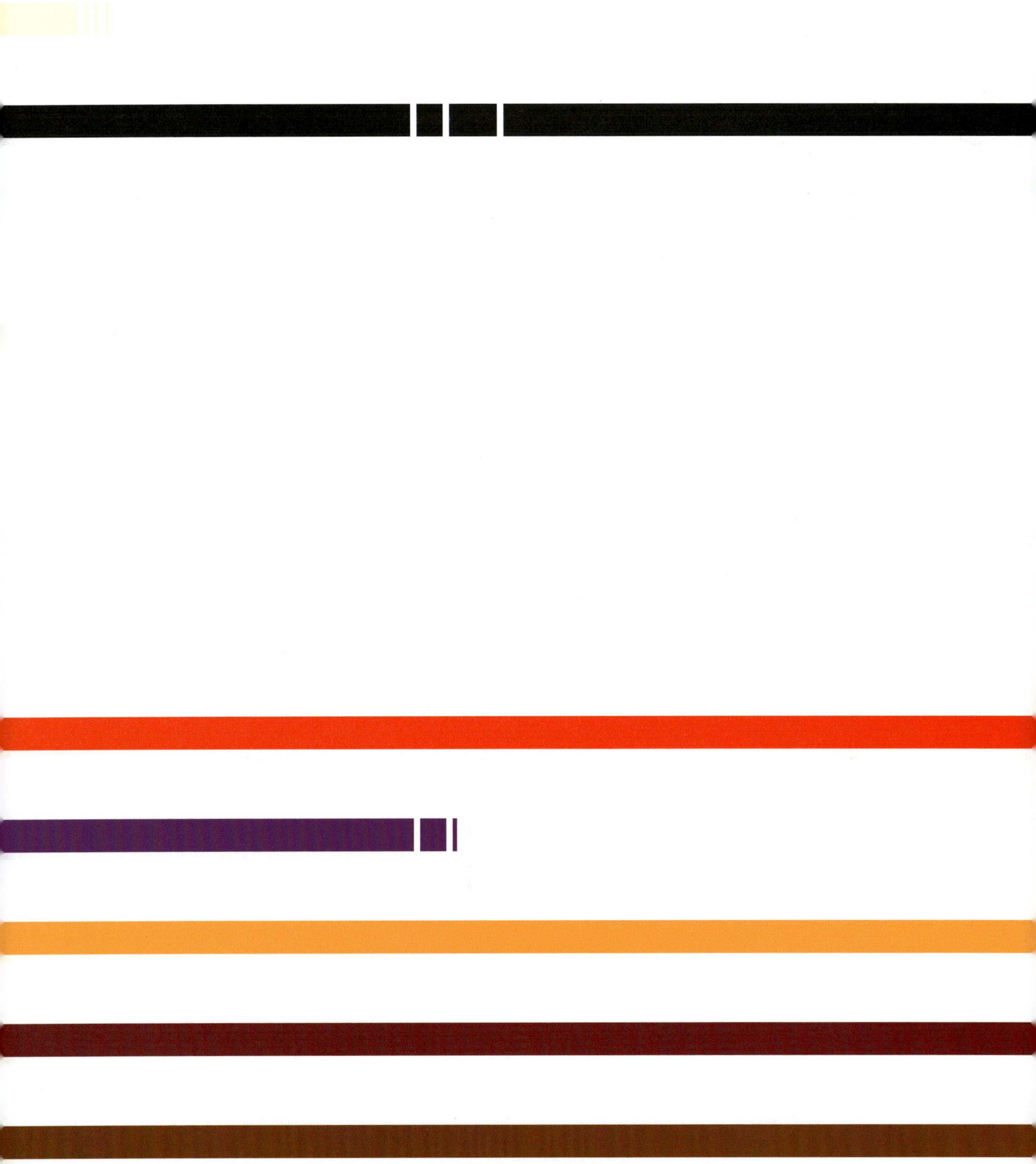

MENÜ-ÜBERSICHT

NACHWORT

Wir hoffen sehr, dass wir mit unseren 12 monochromen Menüs zum passionierten einfarbigen Kochen anregen konnten und die Ergebnisse mit Genuss verzehrt werden.

Hier noch einige Punkte zu den Menüs, die uns während des gesamten Projekts begleitet haben:

Alle Menüs in diesem Buch sind von uns selbst ohne künstliche Farbstoffe zubereitet und dann fotografisch dokumentiert worden. Um Enttäuschungen beim Nachkochen zu vermeiden, möchten wir jedoch anmerken, dass die Gerichte farblich sehr unterschiedlich ausfallen können. Je nachdem, wo die Zutaten gekauft werden und welchen Reifegrad sie haben, kann es zu Farbschwankungen und Geschmacksunterschieden kommen. Deswegen raten wir dazu, die einzelnen Bestandteile immer schon beim Einkauf so nah wie möglich an der zu kochenden Farbe zu wählen. Umso besser wird dann das Ergebnis sein.

Das Thema Farbe stand für uns ganz klar im Vordergrund. Das Ziel war immer ein möglichst farbgenaues und homogenes Menü als Endergebnis. Dennoch haben wir manchmal, der Diversität und Abrundung der Menüs zuliebe, ab einem gewissen Punkt zu andersfarbigen „Mitzutaten“ gegriffen.

Es war auch nicht immer möglich, einfarbig und/oder strikt saisonal zu kochen. Deswegen wurde gelegentlich auch zu Tiefkühlprodukten oder Eingemachtem gegriffen. Alles andere hätte bedeutet, Einbußen beim Geschmack hinzunehmen oder viel Rohes zu verwenden, was bei vielen Zutaten aber zur Folge hat, dass sie durch Kochen oder andere Zubereitungsarten ihre Farbe verändern. Und auch ein farbig angesetzter Teig zum Beispiel verliert beim Backen seine Farbe nahezu vollständig.

Manche Farben sind schwieriger zu erzielen als andere, dazu zählt insbesondere Violett. Viele violette Lebensmittel verändern sich während ihrer Zubereitung ins Rote oder Bräunliche. Die Auswahl an wirklich violetten Zutaten mit einem hohen Blau-Anteil ist klein. Sie kommen nur selten in der Natur vor und ihre Farbe ist oft abhängig von der Herstellung. Zum Beispiel ist ein Rotkohl eher rötlich oder bläulich (Blaukraut), je nachdem in welcher Region und auf welcher Art Boden er wächst.

Manche Zutaten haben im Rohzustand die gewünschte Farbe, andere erhalten erst durch die Zubereitung oder gewisse Zusätze ihren Ton, wie zum Beispiel durch Marinieren oder Konzentrieren, Filtern und Extrahieren …
So bedeutet ein gelbes Menü zu kochen eben nicht, konsequent nur gelbe Zutaten zu verwenden, sondern ein möglichst gelbes Ergebnis zu erzielen, mit so viel gelben Zutaten wie möglich.

Oftmals hat die Farbe der verwendeten Zutaten den Geschmack dirigiert. So ist beispielsweise die Liste der Gewürze beim braunen Menü sehr lang und dadurch das ganze Menü recht würzig. Genauso bei Hellrot: Hier bestimmt die Vielseitigkeit der eigenaromatischen Zutaten den Geschmack und bei Dunkelgrün dominieren die vielen verschiedenen Kräuter das Ergebnis. Oder die Farbe entsteht „im Kopf“: So ist die Lavendel-Limonade durchsichtig, schmeckt aber durch ihr intensives Aroma „violett“.

Einfarbig Kochen bedeutet, wie in einem Labor mit den Elementen Geschmack, Farbe und Optik zu experimentieren. Es schärft die Sinne und hat unser Kochverständnis auf jeden Fall positiv verändert!

DANKE

Ein riesiges Dankeschön an unsere hochmotivierten, teamfreudigen Smutjes, Köche, Esser und Helfer jeglicher Art. Sie haben mit ihrem Einsatz an Ideen, Kochkünsten, Erfahrungen und Inspirationen einen enorm großen und hilfreichen Beitrag zur Entstehung dieses Projekts geleistet:

Lene Marie Gotholdt, Sonja Hornung, Lisa Kirfel-Rühle, Bettina Lamprecht, Trish Lorenz, Dušanka Maličević, Julia Masagão, Uli Meyer, Uta Schrameyer, Lisa Seibert, Claudia Thybusch, Alexandra Wetzel, Karin Wolfram

Ein besonderer Dank gilt allen Mitarbeitern des Prestel Verlags, die zur Entstehung dieses Buches beigetragen haben. Vor allem **Claudia Stäuble**, die unser erster Kontakt war und an das Projekt geglaubt hat, **Julie Kiefer**, die mit Herzblut und ihrem unermüdlichen Einsatz das Buch realisiert hat und den **Testkocher-Teams**, die nach Feierabend unterstützend die Rezepte ausprobiert und kommentiert haben.

Vielen Dank!

ÜBER DIE AUTOREN

Tatjana Reimann
M. Sc. Dipl.-Ing. Arch., studierte Architektur und European Urban Studies, Co-Gründer des Labels kolor Studio für Gestaltung (www.kolor.de). Sie mag alles, was sie kreativ fordert, von mikro bis maßstabslos.

WWW.TATJANAREIMANN.COM

Caro Mantke und Tim Schober
arbeiten als Diplom-Designer unter dem Namen „MS MANTOBER" seit über 10 Jahren in den Bereichen Kommunikations- und Interaktionsdesign sowie Illustration. Neben der Auftragsarbeit widmen sie sich mit Vorliebe ihren eigenen freien Projekten.

WWW.MS-MANTOBER.DE

ZUTATEN-INDEX

DIE DEUTSCHE NATIONALBIBLIOTHEK VERZEICHNET DIESE PUBLIKATION IN DER DEUTSCHEN NATIONALBIBLIOGRAFIE; DETAILLIERTE BIBLIOGRAFISCHE DATEN SIND IM INTERNET ÜBER HTTP://WWW.DNB.DE ABRUFBAR.

PRESTEL VERLAG, MÜNCHEN
IN DER VERLAGSGRUPPE RANDOM HOUSE GMBH
NEUMARKTER STRASSE 28
81673 MÜNCHEN
TEL. +49 (0)89 4136-0
FAX +49 (0)89 4136-2335

WWW.PRESTEL.DE

KONZEPT
TATJANA REIMANN UND CARO MANTKE

REZEPTENTWICKLUNG UND UMSETZUNG
TATJANA REIMANN UND CARO MANTKE MIT KOCHGRUPPE

GESTALTUNG
CARO MANTKE, MS MANTOBER

TEXT
TATJANA REIMANN

FOTOGRAFIE
TIM SCHOBER, MS MANTOBER

VORWORT
TRISH LORENZ, FOOD- UND DESIGN-JOURNALISTIN

PROJEKTLEITUNG
CLAUDIA STÄUBLE

PROJEKTMANAGEMENT
JULIE KIEFER

LEKTORAT
STEFANIE ADAM, MÜNCHEN

HERSTELLUNG
ASTRID WEDEMEYER

LITHOGRAFIE
REPROLINE MEDIATEAM, MÜNCHEN

DRUCK UND BINDUNG
NEOGRAFIA AG, MARTIN

GEDRUCKT IN DER SLOWAKEI

FSC www.fsc.org MIX Papier aus verantwortungsvollen Quellen FSC® C020353

VERLAGSGRUPPE RANDOM HOUSE FSC®-N001967
DIE FÜR DIESES BUCH VERWENDETEN
FSC®-ZERTIFIZIERTEN PAPIERE *PROFIMATT* UND
MUNKEN PRINT WHITE LIEFERT IGEPA.

ISBN 978-3-7913-4900-8